「IT前提経営」が組織を変える

デジタルネイティブと共に働く

著者：高柳 寛樹

近代科学社 Digital

はじめに

　1990年代半ばからITの会社を経営している。大学生のときの創業だった。そして大学院修了と同時に、大学や大学院、高等学校でも教鞭をとるようになった。情報産業論や情報社会論、テクノロジースタートアップなどが専門だ。そんなわけでかなり長い間テクノロジー関連企業の経営に携わってきた一方で、大学では最新のITを使いこなす若い学生たちを観察しながら講義をしている。

　実務と大学の両方にコミットしていて感じるのは、若い学生たちがITに対して高い適応力 (adaptability) を示す一方で、全く適応できない「企業という組織」のデジタルデバイドである。大学教員という専門家として、または、IT企業の経営者として大きな組織に助言することも多いが、そのたびに「大人たち」のデジタルネイティブへの理解が不足していることに気が付く。確かに今後老齢人口は増え続けるが、知力と体力、場合によっては好奇心に勝る若い彼らが今後の社会を背負って立つことは明白である。それにもかかわらず、彼らに寄り添わない「企業という組織」が、個人的にとても気になっていた。

　そこで約10年前、「IT前提経営」という平たい言葉を作り、その要素を6つに分類して説明することにした。大学の講義のみならず、企業へのIT導入（最近の言葉でいう「デジタル・トランスフォーメーション」）のアドバイザリーにおいても、まずはこの言葉と分類の理解を促している。

　ITの導入と聞くと、最新のテクノロジーや、GAFAのようなITメガ企業のイメージが先行しがちだ。しかし、企業のIT化は、単に最新のクラウドサービスやビジネスチャット、CRM（営業管理システム）やMA（Marketing Automation）を導入したり、クールなIT企業と付き合ったりするだけでは実現できない。まず、デジタルの「文化」の理解が必要なのだ。こう言うとたいていの場合、ビジネスマンからは少し敬遠される。それがなぜビジネスにつながるのかを理解してもらえないからだ。しかし、企業のIT導入が失敗するのは、導入するサービスやソリューションではなく、明らかに導入する側に問題があるからということが多い。実際、小さな子どもたちはiPadのアプリの使い勝手に文句を一切言わない。それどころか強い好

奇心を持って、「トリセツ」すら見ずに、一瞬にして完全に使いこなしてしまう。

この事実を前に、私たち「大人」は、ただアプリに文句を言い続けるだけなのだろうか。そして、若者を批判し遠ざけて、大人だけの組織や社会を維持しようとするのだろうか。もはや社会の主導権は彼らにあることをしっかりと認識した上で、謙虚かつ丁寧に、ITの理解、すなわちデジタルの文化の理解に努めなければ、IT導入の成功は難しい。

本書は、この問題について悩んでいるビジネスマンに向けて書いたつもりである。分かりやすく説明したかったので、私がこれまでに経験したたくさんのエピソードを添えてある。一方で、若い人たちも今の企業社会が抱える問題を理解しなくてはいけない。本書で提示するIT前提経営の6大要素は、お互いが歩み寄るために十分なポテンシャルを持っていると思う。学生から社会人まで、幅広く本書を活用していただけると幸いである。

目次

第1章　IT前提経営の6大要素

第2章 「IT前提」の時代における経営

第3章　企業・学校・役所のIT前提経営

第4章　自動車とIT前提経営

第5章　対談：教育とIT前提経営

第1章

IT前提経営の
6大要素

1.1　IT前提経営の定義

　本章では、IT前提経営（Tech Driven Management, TDM）の基礎について整理する。IT前提経営には以下に示す「6大要素」という複数の切り口があり、基本的にはこれら全てを満たすことが望ましい（図1.1 参照）。

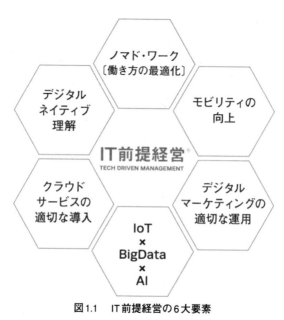

図1.1　IT前提経営の6大要素

　①デジタルネイティブ理解
　②ノマド・ワーク
　③モビリティの向上
　④デジタル・マーケティングの適切な運用
　⑤IoT×ビッグデータ×AI
　⑥クラウドサービスの適切な導入

　それぞれの詳細に入る前に、まずはIT前提経営という用語について触れておきたい。近年、私のいくつかの仕事の中で、ITに関するアドバイザ

リー業務が増えている。いわゆるITコンサルティングではなく、ITが全ての前提となるこの社会で、企業や組織は「何を」「どのように」判断すべきかという示唆を与えるものである。私はIT前提経営を、「デジタルネイティブが中心となる時代において適切なITを経営に導入することでビジネスを最大化するとともに、そこに関わる顧客や従業員を含む全てのステークホルダーを幸せにする経営の概念」と整理している。そして、アドバイザーとして、企業がこのIT前提経営をしっかりと実施できているか否かの評価を行い、実施できていないと判断した場合には、段階的に導入していくことを提案する。このアドバイザリーの活動は、特定の業種業態にとどまらず、多様な業界にまたがっている。また、アドバイス先の規模も、中小零細企業から東証一部に上場している大手企業までさまざまである。

　例えばM&Aのプロセスにおいてアドバイザリーを実施することも多々あるが、そこで目の当たりにし、指摘するのは、ITおよびIP（Intellectual Property、知的財産）の認識が極めて低いことである。これらはいずれも「目に見えない資産（Invisible / Intangible Asset）」である。M＆Aの実務書には、なぜかITとIPのデューデリジェンスの実態についての記述がほとんどない。バランスシートに載っているIT資産が一夜にしてゼロになることは日常茶飯事である。しかしテクノロジーの未来を理解して助言できる人材が極めて少ないので、私がパートナーを務めているアドバイザリーファームでは、依頼が尽きない状態にある。同様にIPに関しても、特にクロスボーダーの仕事になるとその価値についての感覚が全く異なることも多い。さらに、人事の観点からも、とりわけ「IT人材」の正当な評価が欠けていることによるPMI（Post Merger Integration、企業合併・買収後の統合に向けた過程）の不調が多発している。実務書の多くがこういったことを指摘しないのは、その手の「アンテナ」が立っている専門家が国内に極端に少ないからなのだ。

　では、なぜそのような状態に陥っているのかということを、この先、本書の中で明らかにしていく。まずは以下で、IT前提経営の6大要素を簡単に説明していくこととする。

1.2　デジタルネイティブ理解

デジタルネイティブの定義

　私は1995年以降に生まれた人たちのことを「デジタルネイティブ」と呼んでいる。その理由として、この年にWindows95が発売され、世界中にインターネットが広まったことが挙げられる。彼らは、生まれた瞬間からインターネットが身近にあり、それまでの世代とは一線を画していると言える。

　彼らはITの特性に非常に適応している。例として、私の小学生の息子は、スマホでのフリック入力のスピードが私よりも断然速い。初めて触ったデバイスやソフトの習得や適応も同様だ。読者の皆様のご家庭でも起こっている現象であろうから、目新しいことではない。また、大学や高等学校でデジタルネイティブの学生を相手に授業を行うと、やはり、大学院で教えている「大人」よりも、彼らの方が断然ITへのアダプタビリティ（適応力）が高いという印象を受ける。こういった人材が社会に新卒として出て行き、または部下として配属されてくることを、事実として認識することが重要である。さらに数年たつと、デジタルネイティブが消費の中心になってくることは明らかである。

デジタルネイティブの特質

　企業は、顧客が、部下が、同僚が、はたまた株主がデジタルネイティブになる時代において、どのように対応すべきかを考えなくてはならない。先送りするのではなく、今考えなくてはならない喫緊の課題である。

　一つの例を取り上げてみよう。私はある広告会社の人事担当から尋ねられたことがある。彼が言うには、「最近は新卒教育でパソコン教室みたいなことをやっている」。そして続けて「最近の新卒の『パソコン』のリテラシーが低い」と愚痴をこぼしている。しかし、IT前提経営の視座においては新卒の学生に問題はなく、その人事担当の考え方自体に問題があると言える。

　私が大学で開講しているゼミでは、ここ5年間は、連絡手段として電子

メールを一切使用していない。その代わりに、ゼミのLINEグループが自然とできて、それを用いている。レポートもそこで提出されるので、私自身もLINEのグループに入っている。また、5,000字程度つまりA4で4、5枚くらいのレポートだと、学生の多くはスマホだけで書いてくる。数年前のゼミでフリック入力のスピードを計った際に、A4の用紙1枚分の文章を入力するのに、パソコンのキーボードよりも、フリック入力の方が1.6倍程度速いという結果が出た。そういった環境で育ってきた人たちにパソコンを配って、Word、Excel、PowerPointを入れてオフィスで仕事をしろと言う方が間違っている。と言うよりも、非効率である。

そこで、その人事担当に対しては「私やあなたの方が考え方を変えないといけない」と助言をした。企業は若い人たちに、パソコンではなく仕事用のスマホを配布すればいい。加えて、全ての業務システムと業務ロジックを、スマホ対応のクラウドサービスにする必要がある。さもなければ、今後、優秀な若い人材の獲得競争に負けるようになり会社の存続に関わるとさえ伝えている。なお、IT前提経営の6大要素では、スマホで業務ができるような基幹システムのクラウド化を「クラウドサービスの適切な導入」と表現している。次節で詳しく述べる。

テクノロジーを身体化する世代

一方、現代社会の人口問題の側面からデジタルネイティブの特質について考えてみる。高齢化社会の中で、1人当たりの労働人口が支える老人数が増えているため、若い人にとっての負担は大きい。しかし他方で、若い人1人当たりの価値はむしろ高まるとも言える。単純にこれから若い人は大事にされるのだと結論づけるつもりはないが、私はこの考え方があまりフォーカスされていないという印象を受けている。ただし、今後において価値が期待されている若い世代の需要とは、IT前提経営を踏襲した社会を前提にしていることに留意しなければならない。

1995年は、Windows95が世界的、爆発的にヒットし、同時に世界にインターネットが広がった年である。インターネットがある前提の社会に生まれてきた子どもたちは当然、インターネットやIT、その他のテクノロ

ジーを駆使して、より良い世界の変革を促すという発想に至る。それに反して、今日の「移行期間」は、非常に残念なことだが、社会のITに関する認識不足や、それに伴う役所の理解の欠陥、そして本来ならば率先して働きかけるべきはずの民間企業におけるIT導入の遅れ、という異常な状態を呈している。しかし、そのような状況にデジタルネイティブは待ったなしでやってきている。そして若くプレゼンスの高いデジタルネイティブの彼・彼女らが、世の中に「テクノロジー」を当たり前のソリューションとして導入していくことで、高齢者一人一人の生活が助けられることになる。

1.3　クラウドサービスの適切な導入

クラウドサービスの本当の価値

　既にほとんどのネットのサービスはクラウド化してしまった。例えば、私が勤務している都内の私立大学が導入しているGoogle Suiteもその一つである。多くの人が利用しているであろうGmailも、当然クラウドサービスである。また、Googleドライブにデータを保存してDocsやスプレッドシートで仕事をする人もかなり多いだろう。少なくとも私はほとんどの仕事をそういったクラウドサービスで済ませている。Googleだけでなく、MicrosoftのOffice365を含め、それまでローカルのパソコンにインストールして使っていたソフトのほとんどがクラウド化し、企業だけではなく、私たちの生活の中にも入り込んでいる。おそらく、読者の皆さんがお使いのスマホアプリのほとんどは、事実上のクラウドサービスである。

　一昔前には、営業部門向けに多額の資金を投資して、CRMのシステムをオーダーメイドで開発していた。しかし昨今では、そのような業務システムを独自で開発したり、あるいはパッケージソフトを買ってきたりしなくても、Salesforce.com（セールスフォース・ドットコム）[1]のようなクラウ

---

1. 1999年に設立された米国の会社。CRMを中心としたクラウドコンピューティング・サービスを、インターネットを経由して低価格で提供している（Salesforce.com　https://www.salesforce.com/jp/）。

ドサービスベンダーとネット上で契約するだけで、すぐに使うことができる。クラウドサービスの普及は、この点に大きな変化をもたらした。

企業がクラウドサービスの導入に失敗する理由

ここで一つ私が関与した企業のエピソードを紹介したい。とある上場企業の話である。営業管理のために、ある大手開発ベンダーが、顧客のニーズに合わせたCRMをオーダーメイドで開発した。しかしそれが全く効果を生まないばかりか、営業部員の誰も使いさえしなかった。業界の言葉で言うところの「UI/UX[2]が悪い」、簡単に言えば「使い勝手が悪い、使いづらい」というのが、その理由である。

担当者から「開発に3億5千万から4億円を費やしたにもかかわらず、酷いことになってしまった。何が問題か評価してほしい」と相談を受けたので中身を精査したところ、そのオーダーメイドのシステムは、Salesforce.comで全部代用できる機能だったことが分かった。Salesforce.comは、ネットを介してクラウドで利用できるわけだが、1人当たり月額1〜2万円程で済む。そこで、何人分のアカウントが必要なのかと確認すると、たったの5人だという。単純に計算して、年間100万もかければ非常に便利に使える。機能も無料でどんどんアップデートしてくれるし、セキュリティやクラウド基盤も十二分に堅牢である。たとえ10年間利用したとしても、1,000万程度にしかならない。一方で、自前の3億5,000万円から4億円をかけたシステムは、数年で償却しなければならない。

私が「これ、1人1万円で済みますよね」と指摘したところ、担当者は「私が責任とらなきゃいけなくなるかもしれません」と血相を変えた。「役員に事実を説明してほしい」といわれて、ありのままを説明したが、その後、その担当者は責任を追及されて、本社から離れてしまった。1人、月に1万円で済むものに莫大な費用を使ってしまったわけだから仕方ないが、相談がもっと早ければと思うと悔やまれる。このように、適切なクラウド

2.UIはUser Interface（ユーザー・インターフェイス）、UXはUser Experience（ユーザー・エクスペリエンス）のことである。簡潔にまとめると、「Man/Machineインターフェイスの使い勝手」である。

サービスを選んで導入していくリテラシーがないと、企業側にとって大きな損失を生む。IT 企業では問題ないだろうが、長年にわたって日本の経済を支えてきたレガシーな企業からのこの手の話は、枚挙にいとまがない。このようなエピソードは本書を通していくつも紹介していくことになる。

1.4　ノマド・ワーク

経営者にとってのノマド・ワーク導入の利点

ノマド（nomad）とは、もともとは「遊牧民」を意味する言葉である。その特徴的な生活様式から派生して、場所や時間を選ばない働き方のことを、ノマド・ワークと呼んでいる。学術的にはドゥルーズとガタリの『千のプラトー』[1]に依拠することが多く、トゥーリー的でパラノイア的な生き方に対して、リゾーム的でスキゾ的な生き方がノマドであるとされている。テクノロジーが生活と密接に結び付けている生活環境では、このノマド・ワーク（働き方の最適化）が現実的なものとなっている。詳しくは前著に示したため、ここで改めて紙幅を割くことはしないが、後述するいくつかの観点において前著『まったく新しい働き方の実践〜「IT 前提経営」による「地方創生」〜』[2]出版後の 2 年で一定の成果を上げているので追記したいと思う。

近年、「優秀な人が採用できない」というフレーズをよく耳にする[3]。現代の労働市場での最大の課題は、人がいなくなっているということだ。国会で与野党が議論している移民に関する法案も、労働力の不足をいかに補うかが事実上の焦点になっている³。

しかしながら労働に関する課題の問題解決は国家だけの責任ではなく、企業の努力不足にも原因がある。従来の採用プロセスで、新卒一括採用（2020年入社対象者を最後にルール廃止）のシステムを何の疑念も持たずに踏襲していたこともその一つである。学生たちが同じ色、形のスーツを着て、

3.2018 年 12 月 8 日に「出入国管理及び難民認定法及び法務省設置法の一部を改正する法律」が成立した [4]。

大学のキャンパスを歩き回るという光景は、私のヨーロッパの友人に言わせれば「まるで北朝鮮」であり、言われてみれば非常に気味が悪い。それでも日本社会ではそういった就職ルールというものが機能してきたが、そろそろそれが終わろうとしているのも事実である。

　私が学生時代に創業した会社は、社員数40〜60人程度を行ったり来たりしてきたエンジニア中心の中小企業であるが、「どこで働いてもいいよ」とノマド・ワークを推奨している。もし、家族の介護が必要なのであれば、「ぜひ介護しながら自宅で働いてください」と言うし、もし、自分の地元を出たくないのであれば、「ぜひ地元で働いてください」と言う。また、海外で仕事がしたいのなら、「ぜひ海外に行って仕事をしてください」と言うし、海外出身で自分の国を出たくないのであれば、「ぜひ自分の国で働いてください」と言う。このような方針をとった結果、国内外に数ヶ所の拠点を持つことになった。

　ノマド・ワーク導入のアドバンテージは、社員がストレスからかなり開放された生活を送れるようになることだ。例えば、都心部の朝の通勤ラッシュの電車になど、乗る必要が全くない。少なくとも、この会社の社員は誰も乗っていないだろう。また、ノマド・ワークを導入すると、社会の非合理的な部分に視線が向けられる。なぜ家賃の高い東京のど真ん中のオフィスに通い、どこででもできるパソコン仕事を、悪い環境で行う必要があるのだろうか。誰もがそのように考えるようになる。

　しかし、ノマド・ワークの本質は、単純に働き方改革をもって従業員のストレスを軽減することや、過労死をなくすということではない。むしろ、優秀で非常に頭が柔らかく、新しい社会やイノベーションに柔軟に対応できる人材を、地方や海外からも採用できるようになるという点にメリットがある。つまり、会社自体が場所にとらわれることがなくなると、顧客だけでなく社員も同時にグローバル化するのである。コストはほとんど発生せず、むしろオフィスを捨てることで不要なコストが大きく削減され、収益構造は改善される。

　私は「オンサイト（その場所にいる）」と「オフサイト（その場所にいない）」という言葉を用いることが多い。つまり「なぜここに来なければならないのか」「どうしてあそこに行かなければならないのか」という点を見直

すきっかけとなる。例えば「会議をしましょう、来てください」といわれると、往々にしてその会議を「どこでやるのか」を決めるのに時間をとられる。ある場所に行ったり来たりするとなれば、会議の前後の移動時間もとらなくてはならないし、コストもかかるので、お互いにとって良いことは少ない。したがって、SkypeやZOOM、Slack、Hangoutsなどを使ってテレカン（telephone-conference）をすればいいのである。場所の確定のために何通もメールのやりとりをして、気を遣うことに消耗する理由は、誰も論理的に説明できないはずだ。やはり「ネット」でよいのだ。

ノマド・ワークが普及しない制度的・文化的背景

しかし、日本の「レガシー企業」はこうはいかない。再三にわたって理由を説明し、テレカンを提案しても、あくまでも会社の会議室でしか受け付けない。「そういった文化もないし、セキュリティの問題があるので、できません」という反応ばかりだ。遠方からわざわざ会議のためにさまざまな交通機関を駆使して、契約書やパソコンをカバンに入れてオンサイトに来る方が、ネットセキュリティの問題よりもよほど危険なことに思える。特定の会議室でミーティングを行うよりも、遠隔でセキュアな回線を使ってビデオチャットを行う方が、はるかに効率的で安全なのだ。

当然ながら、直接会わなくてはならない場合もあるし、その重要性は否定しない。だが、ノマド・ワークを導入することによって、働くために特定の場所に出向く必要はなくなり、非常に合理的な生活を実現できるのも事実だろう。時間も有用に使えるため、余った時間で寝ることも、デートすることも、外食することもできるだろう。今日では「都市生活者の健康」などの議論もあるが[5]、運動することも、もちろん可能となる。当たり前になった安価なテクノロジーを使う癖を付けるだけでワーク・ライフ・バランスが向上する環境を作り出せるのが、ノマド・ワークの強みである。

また、私は今、少なくとも4つの仕事にフルコミットしているが、ノマド・ワークを導入すれば、研究室から講義のために教室に向かって歩きながら、iPhoneとAirPodsで短い会議の一つや二つは終えられるし、タクシーの中は移動オフィスになる。

　ノマド・ワークの導入が日本の社会全体で遅れている点については、法律や政策的な難点にも改めて触れていく必要がある。前著で法律家の言葉を引用しながら仔細に触れたが[2]、日本の労働に関連する法律はオンサイト主義で、「どこ」と「いつ」を管理する。昭和40年代の法律がベースなので仕方ない。しかし今、政府が働き方改革を行えというのであれば、立法府によってしっかりと法律が制定されなければ、労働の現場はたまらない。とりわけ、上場企業はコンプライアンス（法令順守）重視であるからなおさらだ。労働関連法[4]に依拠しなければならないという理由で役所の言うところの「テレワーク」が中途半端に終わってしまうのであれば、本末転倒である。

　ノマド・ワークは、人材を集めることに貢献し、働く場所を自由に選べることで、仕事におけるストレスの軽減や前向きな副業へのチャレンジにすら貢献する。ただし、制度改革が伴っていない点は問題である。スポーツ関係のハラスメント事案が昨今メディアを騒がせているが、ノマド・ワークに関する議論はそれに似ていると感じる。私が経営するある会社の営業のエピソードを取り上げてみよう。ノマド・ワークを導入していると、顧客への請求書をメールに添付で送ることは日常茶飯事だが、「請求書というものは、毎月足繁く通って手で持ってくるものだろう」と、怒鳴られた若い営業がいる。しかし、これは現代においてはハラスメントとも言えるだろう。

　ノマド・ワークを普及させるためには、意識的に文化や考え方を変える必要がある。もちろんお客様のところへ足繁く通うことによる効用はよく知っている。しかし、濃淡を付けなければ、収益性もデジタルネイティブもついてこない。繰り返しになるが、これからは彼らが主役なのだ。高度経済成長期でも人口増加局面にあるわけでもない現状で、「オジサンたちの互助会組織」のようなものが足を引っ張ってしまうことは避けるべきだ。率直に言えば、政府のやっていることも「イケてない」。働き方改革によっていかに労働内容に変化が促されても、それを支える法律が変わっていなければ全く意味がない。現場で動いている我々が時代に合った働き方を提

4.1947（昭和22）年に労働基準法・職業安定法・失業保険法が制定された。

供しようとしても、これもまた足を引っ張られるのだ。

1.5　モビリティの向上

モビリティが可能にする仕事の可能性

　次に「モビリティの向上」に関して言及したい。ここでは移動しながら仕事や生活をするというのが重要で、「パラレルワーク」的な概念と言ってもよい。今では、海外へ移動する飛行機の中でも、ネットにつなげて十分に仕事ができる[5]。私が関わる企業での仕事は、全てSlackでのやりとりがベースになっているため、スマホでもパソコンでも難なく進んでいく。

　私はモビリティの実践も兼ねて、長野県白馬村に住民票を移し、住居を構えて生活している。正直なところ東京よりもはるかに環境が良く、仕事や研究に集中できるし、大好きなスキーも思う存分楽しめる。また、地域の仕事も面白い。もちろんインターネットがなければこういった生活はできなかった。これは私に限った特別な事例ではなく、ヨーロッパでは、意外とこういう働き方が当たり前だ。スペインの友人は、職場を固定化せず、北欧やイタリア、東欧を移動しながら働いている。家族も同行しながら、生活拠点はキャンピングカーを含め各地にいくつかあり、仕事場所も転々としている。まさにノマドの生活を実践しているのだ。

　これは極端な例だが、現代では、東京の会社に所属している人が必ずしも東京にとどまらずともよくなりつつある。私の仕事も、ほとんどが「東京発」だが、それを移動しながら行っているのである。当然ながら、それが実現可能な仕事とそうではない仕事があることも承知している。しかし、例えばITを使った会社経営やパソコンで事務仕事をする人は、ネットとモバイル端末を用意して、動きながら働けばよい。モビリティを向上させなければ、視野も広がらないからだ。本来、移動する自由は誰にでもあるは

5.ANA（全日本空輸）は、国内線で2016年1月25日に有料サービスを開始 [6]。国際線でその2年前の2014年3月1日に有料サービスを開始 [7]。2018年4月1日より、国際線および国内線で無料サービスを開始した。

ずなのだが、なぜか東京に固定されてしまう。これはいわゆる「東京一極集中」の特殊性だ。

　私の拠点の一つである長野県についてもう少し言及する。JR東海が計画中のリニアモーターカーは[8]、長野県の飯田市を通る。開通すれば、飯田市から東京に通うことも可能となる。所要時間もなんと30〜40分程度だ。現在の新幹線のネット導入に鑑みれば、もっと遠くに住んでも通勤可能であると言えるだろう。仮に移動時間が1時間であっても、その1時間で本や新聞を読んだり、あるいはネットで仕事をしたりすることもできる。

　これからは、会社に行ってタイムカードを押して、何時間も拘束され、監視されている仕事空間を当然のこととせず、モビリティを意識した働き方にしていかなければならない。事実、最近では軽井沢に住んで東京に毎日新幹線通勤しているというビジネスマンも少なくない。これによって、軽井沢駅の裏手には広大な月極駐車場ができている。また、私のサーファーの後輩は、湘南に住んで東京で会社を経営しているが、電車の中で、パソコンやスマホでたくさんの仕事を終わらせるという。だから彼をネットで捕まえるには、通勤時間を狙うのが一番いい。

学校がモビリティを嫌う理由

　私自身も、大学の講義のために東京に戻ってくる必要がある。一方で、ここ数年は積極的にSkypeでの講義を試みており、全く問題なく成り立つものと認識している。そこで、仕事のセミナーや地方の講演などには、このような「テレ・レクチャ」を頻繁に用いて対応している。

写真1.1　テレ・レクチャ風景①　白馬村の自宅から講義をデリバリーする

写真1.2　テレ・レクチャ風景②　教室の学生たち

　ところで、概して学校はITの導入に消極的という印象を受ける。言い換えると、モビリティについての反応が非常に悪い。小学校にモビリティの向上を求めるのは難しいかもしれないが、中学校以降は、うまくモビリティを上げていけば面白い授業につながるチャンスがいくらでもある。海外にいるゲストスピーカーの講義を受けたり、動き回りながら何かを報告したりといったことを想像すると、ワクワクする。私は大学のみならずいくつ

かの高等学校でも非常勤で教鞭をとっているが、高校生たちとモビリティを考える最初の議論として、「なぜ僕が黒板の前にいて、みんながその前に座っているのか？　家からSkypeで参加してもいいじゃないか」ということを、生徒と一緒に考える。面白いことに、生徒たちは、「集まる」ことの合理的理由を見つけられない。つまり、教育を受ける環境において、集まる合理的な理由はないということである。

　ここで、MOOC（ムーク）[6]にも触れておこう。現在、世界的に有名な大学が、軒並みその講義を無料でMOOCに提供しており、誰もが世界中からネット経由で聴講できる。日本では2013年に東京大学が参加して以来、現在では多くの大学が、さまざまな講義やコースを開設している[9,10]。こうなると、日本にいるからMIT（マサチューセッツ工科大学）に入学できないというような国境議論はなくなり、場所や時間を選ばずに、いろいろな「知」に触れることができる。しかも、受講しながら分からないことを問いかけると、その分野に強い世界中の学生たちが、テキストに限らず動画や図表、写真などのさまざまな材料を示しながら、「お節介に」教えてくれる。学位は取得できないが、一定のコースを修了すると修了証が授与されるので、大学などの卒業証書よりもMOOCの修了証の方をあてにするという企業も増えている。このように、学校という教育プラットフォームがモビリティを貪欲に追求することで、多様性と質の向上に結び付く可能性がある。

パラレルワークとモビリティ

　この原稿を執筆中に、友人のジャーナリストが取材でウラジオストックに出向いており、YouTube ライブや Voicy[7] などを使って、現地からリアルタイムにきれいな動画や音声で情報発信をしていた。私は中央線で都心から西東京方面に移動しながら、耳に入れた AirPods と iPhone でその中継を見聞きしていた。iPhone はドコモの4G回線につながっており、Bluetooth

---

6.MOOC（Massive Open Online Course、ムーク）とは、インターネット上で誰もが無料で受講できる、大規模な開かれた講義のことをいう。

7.ネットラジオ（ボイスメディア）のような音声プラットフォームのサービス [11]。

通信でAirPodsとつながっている。そして膝の上のMacBookProで、クラウド側にあるGoogleDocsにこの原稿を書いている。聞こえてくるウラジオストックの話を聞きながら、たまに、チャット欄に「ウラジオストックに近いスキーリゾートはありますか？」とか「ノマド・ワークに最適な環境はありますか？」などと書き込むと、友人はリアルタイムで「明日、旅行会社に取材に行くから、聞いておきますね」と、ブロードキャストで返してくれる。

　このような環境は、20年前には全く想像できなかった。しかもご承知の通り、一個人がわずかなコストで、送り手も受け手も何の気構えもストレスもなく実現可能だ。重要なのは、単に海外とリアルタイムでつながれるようになったことではなく、究極の「ながら」が可能になったことである。①原稿を書きながら、②YouTubeライブで中継を見ながら、③友人との質疑応答をしながら、④都心から西東京方面へ中央線で移動しながら、というように、「ながら」のオンパレードだ。私はこれを「パラレルワーク」と呼んでおり、この状況では4つの仕事を同時に行っているので、「クワトロ・パラレルワーク」である。

　現在は「副業時代」といわれているが、個人的には、「業」に主と副を付ける必要はないと考えている。当然、主から見れば副の地位が下がる。これが良くない。前述のクワトロ・パラレルワークでは、一見、④都心から西東京への「移動」が主のように思えるが、①原稿を書くことが主であるとも言える。

　主と副はそれによって稼げる収入の多寡で決めるという人もいる。しかしそれでは、将来稼ぐための投資となる「業」について説明できない。私は、パラレルワークにおいては、全てにフルコミットするのが正解だと思っている。IT前提経営におけるモビリティの向上によって、それが可能になるケースが増えるのだ。

　当然だが、通信がこれだけカバーされ、かつ安くならなければ、そもそもこういったパラレルワークはできない。しかし、根本的な問題は、仕事を主と副とに分ける考え方である。日本の文化では「ながら」はあまり歓迎されてこなかった。昔、テレビを見ながら食事をすると母親に怒られた。食べることが主だからである。しかし見ているテレビにニュース速報が流

れたとたん、一気に形勢逆転し、主と副が入れ替わる。「ながら」における主と副の関係は、そのくらい曖昧で些末なことなのだ。政府が「働き方改革」「副業緩和」を推進するのであれば、しっかりとIT前提経営を理解した上で、副業ではなくパラレルワークの考え方を導入しなければ、居心地の悪い社会になってしまうのではないだろうか。

1.6　デジタル・マーケティングの適切な運用

マーケティングのパラダイムシフト

　6大要素の5つ目となる「デジタル・マーケティングの適切な運用」に関しては、メディアの性質が「マスメディア」から「パーソナルメディア」に一気に転換したことに注目する必要がある。マーケティングの観点から言い換えると、マス・マーケティングからデジタル・マーケティングへのパラダイムシフトである。

　私の受け持つ大学2年生のゼミ生18人中で、テレビを1週間に1時間以上見るのは、たったの1人だけだった。このことから、現代の若者のほとんどがテレビを見ていないのだと推測できる。おそらく部屋にテレビがなく、「テレビって何?」という感覚なのだ。また、最近Facebookに学部の学生たちが誰も友達申請をしてこないことを寂しく思っていたのだが、なんと当該18人のうち一人としてFacebookをやっていなかった。ちなみに、6〜7年くらい前までの学部の教え子たちは、みんな私と「FB友達」になっている。つまり、コミュニケーション手法の世代交代が早すぎるのだ。2020年現在では、Twitter、Instagram、LINEなどが主流だ。

　学生の多くは「Twitterは匿名だからいい」と言っている。匿名ゆえに、返信の強迫観念にかられないのがポイントだという。学校の先生方であれば、誰もがこのような「デジタルネイティブが、大人とは違った視点でITを使いこなす」という問題にどう対処すべきか悩んでいるはずだ。私が理事を務める一般社団法人ネットリテラシー検定機構では、社会人向けにネットリテラシーの検定を提供しているが、ウェブや電話での機構への問い合

わせの多くは公立や私立の中学や高校からである。デジタルネイティブではない（いくつかの研究では「デジタルイミグラント」と呼ばれる）私は、学生や生徒たちと積極的にコミュニケーションをとりながら、彼らをつぶさに観察してIT利用の傾向を知るしかないのである。

デジタル・マーケティングの対象

　経営の場でも、広告に対する考え方を大きく変えていく必要がある。B to Cの企業は、これからは非効率なマスメディアに広告を打つのではなく、デジタル・マーケティングへ移行しなくてはならない。YouTubeやGoogleは、おそらく私の年収や住まい、趣味・嗜好などを全部把握した上で広告を表示している。そしてこのようなターゲティング広告がマスメディアの広告と大きく異なるのは、それが「ウザくない」ばかりでなく、「気持ちいい」ということである。広告に対して「そうそう、それが見たかったんだ」と感じるこの現象を、企業経営者はどう考え、消費者はどう感じているのだろうか。

　例えばテレビCMの場合、番組に集中させてからCMに突入し、視聴者が「なんだ、ここでCMか」と文句を言いたくなったり、「CMの間にトイレに行ってこよう」と思ったりするようなコンテンツだった。しかしYouTube広告では、自分の趣味嗜好にマッチした情報が頻繁に現れるため、思わず見入ってしまう。動画の最中に無料広告が入ってきても、たいていの場合自分が好きなものの情報だったりするので、「コンテンツ」として一生懸命に広告を見るわけだ。それが良いことか悪いことかについては、賛否両論である。イーライ・パリサーは『フィルターバブル——インターネットが隠していること』[12]の中で、当然ではあるが、この個人の興味にのみ誘導的なネット広告について批判的に分析している。

　しかし、このような広告はマスメディア全盛のテレビからすれば、夢のような仕組みだったと思う。旧マス4媒体（新聞、雑誌、ラジオ、テレビ）にインターネットを加えた広告総量の分析でも、2018年にはテレビにインターネットが完全に追いつき2019年には逆転現象が確実に起こると考えられている[13]。前述した通り、教育現場からも、若い世代は「デジタル」

しか見ていないことがよく分かる。テレビや新聞に触れている学生は、もはやいないといってよいかもしれない。その是非を問うことは避けることにしても、いまだにマス・マーケティングを続けている企業の経営方針には助言する必要がある。

　私は東京と長野を往復する新幹線の車内で、ひっそりと張られている広告を見かける。新幹線での移動時間中は、誰もが座席を自分のプライベートな空間として、スマホやパソコンを操作しているのが当たり前の景色となっている。したがって、かなり意識しなければ広告を発見できないのだが、それは果たして機能していると言えるのだろうか。確かに、「北陸新幹線の乗客」というターゲティングはされているかもしれないが、そもそも目に入らないのであれば、ターゲティング自体が機能しない。それよりも、細かいクライテリアを設定して手頃にネットで広告する方が、明らかに効果的と言える。

　以上のように、「デジタル・マーケティングの適切な運用」においては、現実的な日常空間をしっかりと見極め、「何を」「どのように」そして「どの世代に」情報として発信するかが重要である。

1.7　IoT×ビッグデータ×AI

AIが誰でも手に入る時代

　IoTは、翻訳すると「モノのインターネット（Internet of Things）」である。おかしな日本語だが、今のところそれ以外の翻訳はあまりパッとせず、これを使うしかない。言い換えれば「モノがインターネットとつながる」ということである。スマホでも、自動車の自動運転でも、街中に点在する監視カメラでも、その主役は高性能なセンサーである。それらセンサーの付いたメカが一つ一つ全てインターネットにつながることをIoTという。例えば、スマホには加速度センサー、重力センサー、カメラなどの画像認識センサー、タッチセンサー、GPSなどが含まれる。自動車も運転支援技術が実装されてからは、周りの状況を把握するデバイスはステレオカメラ

やミリ波レーダーなどのセンサーだ。

　ビッグデータは、IoTの働きと密接に関連する。センサーから得た、とてつもなく大量のデータ（ビッグデータ）を回収し、昨今ではほとんど無料で利用できるようになったストレージに全部ためて、その人間では分析できない膨大な量のデータを代わりにAIが分析し、一定の結果や傾向を人間に報告する。これが6大要素の6つ目である「IoT×ビッグデータ×AI」である。

　IoT×ビッグデータ×AIに関して特筆すべきは、AIそのものが安価で身近なものになったということである。その一例として、IBMのAIである「IBM Watson」のエピソードをお話ししたい。私が経営しているある会社は、かつてIBM Watsonのエコシステム・パートナーというディストリビューターであった。数年前にはIBM Watsonの利用料は数億円といわれていたのだが、現在では月額数万円程度で利用できる。つまり、AIが「大衆化」したのだ。IBM Watsonに限らず、さまざまな特徴あるAIの利用料が非常に安くなった。そしてその多くがフリーミアム[8]になりつつあるのでさらに使いやすくなり、個人が趣味の範囲で利用できるAIも増えてきた。このように発明（invent）されたテクノロジーが社会に受け入れられるその瞬間のことを、私は「社会化（socialize）」あるいは「テクノロジーの社会受容」と呼んでいる。

　これにより、少し前までは一部の大資本や研究機関やその研究者くらいにしかできなかったビッグデータの分析が、誰でもできるようになった。それらの分析結果を考慮しながらのデジタル・マーケティングが、大企業だけでなく個人でも可能になったのは「革命」と言ってもよい。繰り返しになるが、ほんの一握りの大資本だけがこれをできる状況ではそれは「革命」にならない。「チープ革命」[9]や「IT革命」が革命たり得る所以は、ITが個人が利用できるまでに大衆化したからなのである。つまり中小零細企

8.基本となるサービスや製品を無料で提供するビジネスモデルである。より利便性が高い特別な機能には有料サービスが設定されていて、そこから収益を獲得する。

9.梅田望夫氏が『ウェブ進化論』[14]の中で使用している言葉。IT、とくにチップ（集積回路）などがムーアの法則に従って短期的に極端に性能を伸ばすと、同時にその価格が年率で30〜40％安くなり、IT総体の価格も短期的に急激に安くなることをいう。

業やベンチャー企業、または、個人事業主の側にも、プラットフォームを
とるようなビジネスのチャンスが巡ってきたということを、個人の側も大
企業の側もしっかり理解しなくてはならない。

AIの導入をめぐる国内企業の体質

　IT前提経営のアドバイザリー活動の中で感じるのは、特に中小企業にお
いて、このIoT×ビッグデータ×AIの導入チャレンジが非常に多いという
ことだ。対照的に、大企業では、結果や効果の良し悪しを問うような稟議
過程が非常に多く、導入に至るまでに非常に時間がかかってしまう。IoT
×ビッグデータ×AIの導入では、やってみないと分からないことが多々あ
る。たとえ月々数万円であっても、失敗の可能性がある事業に資金投入を
渋るような構造の大企業では、挑戦は現実的に難しいわけだ。それに対し、
フットワークが軽い中小企業は、安価で価値の高いAIの導入判断が圧倒的
に早い。「その程度の投資なら失敗しても問題ないから、チャレンジしてみ
よう」といった具合だ。

　IT前提経営の導入とその成功において大企業よりも中小企業にアドバン
テージが見られる傾向は、経営に対する危機意識の高さに起因するとも言
える。中小企業は大企業と比べて最新の技術をエラー前提で導入する傾向
がある。それもあり、例えばAI技術を導入して成功した中小企業は、その
後にものすごい勢いで業績を伸ばす。人不足といわれるこの時代には、経
営者の、ロボットやAIといった「安価で優秀な」テクノロジーへの好奇心、
多少のリスクをとる覚悟、そして「今すぐに」実行する行動力が、生き残
るための重要な要素と断言できる。この件については、このあと多くのエ
ピソードや考え方を提示する。

第2章

「IT前提」の時代における経営

2.1　インターネットによる情報技術（IT）の大衆化

インターネット時代の始まり

　本章では、これまでの企業経営にIT前提経営がどのように取り入れられるべきかについて論じる。IT前提経営の6大要素の一つである「デジタルネイティブ理解」には、第1章で既に触れた。まず、デジタルネイティブが生まれた「1995年」という時代に着目し、インターネットの「社会化」の中で、彼らがそれ以前の世代といかに異なる環境で育ってきたのかを扱いながら説明を試みたい。

　「IT前提」時代の出発点について、本書では、梅田望夫氏の『ウェブ進化論──本当の大変化はこれから始まる』[14]と立場を同じくする。その理由の一つは、私は梅田氏と世代が近く、似たような環境の下でテクノロジーに触れてきたという共通の経験を持っていることである。1995年をまたいだ時期、インターネットの黎明期に学生時代を過ごした経験があるので、インターネットを含むITの社会的な意味や、発生過程に伴って主張されてきたことを、違和感なく受け入れられる。

　1995年は、日本におけるインターネット元年といわれることもある。Windows95の登場でパソコンが一気に大衆化したことがその原因だ。それ以前は、コンピュータはあくまでも「コンピュータ」であって、「パーソナルコンピュータ」ではなかった。MicrosoftやAppleに代表されるパソコンの登場とインターネットが相まって、一部の権力や一部の大資本によって独占されていた知の体系に、大衆の手が届くようになったのだ[15]。

　さて、今でこそ日常生活に欠かせない役割を担うようになったインターネットであるが、構想の段階からそれを目指して開発されたわけではない。インターネットの基礎技術（パケット通信）は、第二次大戦後の1950年代に、米国で研究が開始された。冷戦時代のスプートニク・ショックの際に、技術開発でソ連に後れをとった米国が危機感を募らせたことが出発点となった。破壊されても途切れることのない新しい通信網の着想が、パケット通信の始まりである。国防総省のARPA（高等研究計画庁）で研究がス

タートした。

　このように当初は米国の国防上重要な技術であったはずのインターネットは、単なる軍事機密にとどまることなく、その後民間化され、ビジネスとして飛躍的な発展を遂げるようになったのはご承知の通りだ。この近辺の詳細な研究は多くの書籍や論文に詳しいためここで改めて紙幅を割くことはしないが、1950年代にARPAで芽吹いたインターネットが開花したのは、米国にNASDAQ市場が開設されたそのときである。NASDAQには、Microsoft、Apple、シスコシステムズ、サンマイクロシステムズ、オラクルなどを筆頭とするいわゆる第1世代のメガIT企業が怒涛のごとく流れ込み、上場したのだ[1]。当然であるが、最初の段階ではいずれも米国の会社ばかりだった。

　このように米国は、元来軍事利用を目的としていたインターネットを、粘り強くかつ長期にわたって開発し、官民の協力によりその技術をサステナブルに社会化させた。長期間において一部の政治家や官僚機構の既得権を温存しつつも、このインターネットという通信インフラを大衆化させ、結果的には、世界中をインターネットで支配したのである[15]。

日本におけるインターネットの大衆化

　インターネットの大衆化ならびに普及について論じる上で、ワールド・ワイド・ウェブと電子メールの存在は欠かせない。私が大学に入学したのはまさに1995年で、ウェブと電子メールが一気に社会化していったが、その当時は、コンソールを立ち上げて「mailto」のコマンドを打ってメールを送っていた。ようやくダブルバイトの日本語が文字化けせずに送れるようになったという時代だ。それでも、友人や先生とメールでやりとりすることが普通になり、海外に留学した友人とのやりとりはエアメールから電子メールに置き換わっていった。

　重要なのは、Windowsに実装されていた通信プロトコルがTPC/IPだったということだ。もちろんMacにも実装されていたので、Windows95の発売以来、世界中の人たちが、TPC/IPを使ってインターネットを標準に

1.Appleは1980年、Microsoftは1986年に株式公開を果たした [16,17]。

した。

　プラットフォームとしてのインターネットが大衆化、つまり家庭や個人の部屋まで到達するのは、日本ではNTTによる常時接続の開始と関係が深い。1995年に、NTT東日本・西日本が日本で初めて条件付きの定額制電話サービス「テレホーダイ」[2]を開始した。昼間は従量課金設定だが、夜の11時以降はつなぎ放題なので、当時の学生はこぞって夜の11時からインターネットにつなぎ、今で言うところのクラウド環境、当時の言葉では「サイバー空間」を堪能していた。

　同時に、NTTの子会社再編で誕生したNTTコミュニケーションズ[3]が、「OCNエコノミー」として法人向けにもこのサービスを拡販していく。これは、月4万円台で128kbpsの通信帯域が確保され、24時間365日利用できるインターネット回線のサービスである。ギガビットの通信回線が月額数千円で使えてしまう現代人には、月に4万円もかけてその程度の性能だなんて、まるで想像できないだろう。しかしこのサービスには大きな意義があった。大きな会社や研究機関のような一部の組織だけではなく、中小零細企業に一気にインターネットが広がったのだ。オフィスのインターネットが常時接続となり、そこにパソコンをつなげれば、一日中料金を気にすることなくネットサーフィンと電子メールで仕事ができる——そんな夢のようなIT前提経営時代の幕が開いたのである。

　では、インターネットにつながった企業は何を始めたか。当初はせいぜいウェブサイトを立ち上げ、電子メールを使う程度であった。しかし、次第にセンスの良いウェブデザインが登場し、会社名のドメインが取得されはじめる。また、社員一人一人に個別のメールアドレスが付与され、会社のURLと一緒に名刺に記載する。それがクールな時代だった。

　当時私が創業した会社では、そういったニーズに応え、秋葉原で購入し

---

2. 技術的にはNTT東日本が提供したISDN（Integrated Services Digital Network、サービス総合デジタル網）である。ISDNとは64kbpsという帯域が保証された通信方式で、日本におけるデジタル通信の代表的なサービスである。これを倍の費用で2契約にすると、128kbpsの帯域が確保された。今のスピードと比較すると桁違いに遅いわけだが、当時としては画期的な速さで自宅でなんとかこの契約をすべく財布と相談した。

3. NTT分割による4社の一つとして1997年より営業開始。設立は1999年。

た部品でサーバーを構築し、OCNの専用線とともに法人に販売していた。
サーバーにはウェブサーバーとメールサーバーが立ち上がっており、ウェ
ブサイトの制作も請け負った。また、オプションでドメインの取得や管理
も行った。今ではこんなことでは商売にならないが、これは1990年代後
半から2000年にかけての出来事で、実はそれからまだ20年も経過してい
ないのである。これだけ短い期間に「IT前提」の社会が到来するとは思っ
てもいなかったし、今振り返っても、なぜこんなにスピードが速かったの
かを明確に説明することは難しい。しかしそれを理解していくことに、IT
前提経営を実現するためのヒントがある。

ガス・水道・電気・インターネットの時代

　当時、人々がネットを通してものごとを検索するのが当たり前のことに
なるという漠然とした予感はあった。また、ネット上に存在しなければ世
の中に「ない」のも一緒だという言説も出はじめ、みんな慌ててウェブサ
イトを作りはじめた。それと交差するようにECも開始した。ウェブデザ
インが直接売上に結び付くようになると、「クールなウェブデザイン」の意
味は「売り上がるウェブデザイン」とほとんど同義になってきた。

　この時代までは専門家の関与なしにウェブサイトの製作はできなかった
が、その後数年で、誰もがブログを立ち上げる時代が来た。そして今では、
ウェブサイトよりもFacebookページを立ち上げた方が集客できるような
事例も多い。さらに、間もなくInstagramでもオンライン決済が可能にな
る。もはやウェブサイトを制作したり、ECサイトを開発したりする必要が
なくなり、誰もが簡単に、かつほぼ無料でネットで集客し、物を売ること
ができるようになる。

　ここにも一種の大衆化があると言える。先述したように、約20年前に
は、今では1円にもならない商売が成り立っていた。そして現代において
も、多額の費用をかけて専門家が行っていた仕事が一気に大衆化し、もは
や専門家は不要になる、ということはままある。この20年間、億単位の価
値が一夜にしてゼロになるのは、飽き飽きするほど見てきた。しかし、大
衆化はフリーミアムのビジネスモデルによって成り立っているとも言え、

その代償は個人情報の提供である。プライバシーの議論に関わるこの話は、また別の機会に詳しく述べたいと思う。

2019年11月に、北京から車で4時間半ほどの山の中にあるスノーリゾート群を視察した。北京では2022年に冬季五輪が開催されるので、中国はそこに向けてスキーヤーを3億人輩出するなどの野心的な政策を打ち出しており、それまでスキー文化がなかったにもかかわらず、突貫工事で同時にいくつものスノーリゾートを建設している。視察の拠点にした太舞スキーリゾートのビレッジは、さながら北米の高級スノーリゾートだ。しかしまだ「突貫工事」中のため北京からの道路インフラが不十分で、未舗装の悪路での移動を強いられる。ホテルや施設も大量に建築中で、至るところクレーンだらけである。しかし、そんな道なき道を移動中でも、国際ローミング中のスマホの4G通信は完璧につながったままだった。4時間以上の移動なので、車中ではスマホをテザリングしてPCで仕事をしていたが、大型ファイルのやりとりや、動画や画面共有を伴うテレカンなども、一度も途切れることがなかった。

周知の通り中国にはグレートファイヤーウォールがあるので、旅行者はホテルや地域のWi-Fiは使用しないが、ネット接続はスマホの国際ローミングで全く問題なかった。中国は一党独裁で、技術の社会化も事実上政治が決めるため競争がなく導入が早いという特殊性はあるものの、道路の開通や建物の建設より先にネット接続を完了したというIT前提経営のような発想があることを指摘したい。インターネットの大衆化は、いまやガス、水道、電気と同等かあるいはそれ以上であり、道路より先に投資すべきものになっている。

2.2　現代におけるIT前提経営の本質

経営に必須となる「IT前提」の発想

2020年の現代において「何か商売を始める」ということの意味は何だろうか。私が「経営論」を教えるいくつかの高等学校の生徒たちは、本書

で言うデジタルネイティブよりさらに若い。彼（女）らの生活は言うまでもなく「IT前提」であるが、授業では、IT前提経営の本質を伝えるべく、本書にまとめたようなことを話している。

　ここではデジタルネイティブを対象にした経営のあり方と発想について述べる。世代によってはノートパソコンで電子メールやチャットをすることもあるかもしれないが、基本的には、彼らはスマホを用いて勉強や生活を行う。日用品も、実店舗ではなくAmazonや楽天、メルカリで購入することが多い。そんな彼らに、まずITやテクノロジーを全く利用しないシチュエーションを考えてもらう。しかし、なかなか答えが出てこない。かつて、大学2年のゼミ生から「小学校のときの先生との、年に1回の年賀状のやりとり」というとても良い回答があったが、もう数年もすれば「小学校のときの先生」もIT前提時代生まれになるはずだ。

　次に、飲食店経営を始めることを考える課題を出す。店を宣伝するウェブサイトやSNSの公式アカウントなしに商売を始めようと思う高校生はいない。また、さまざまな飲食店情報サイトを利用せずにマーケティングを行うのも、あまり現実的とは言えないだろう。仮に電話しか使わないとしても、今はIP電話[4]の時代である。このように、何か商売を始めようとすると、何から何までITが介在する時代なのだ。高校生たちには最初に改めてそれを感じてもらう。

　この課題は、IT前提経営の6大要素の一つである「デジタル・マーケティングの適切な運用」に密接に関連している。例えば、大きな会社が新商品を宣伝するとなると、私たちの世代は大手広告会社に依頼してテレビCMなどを作り、マスメディアを通じて宣伝していくことを想像する。しかしIT前提経営においては、このプロセスを批判的に評価する。

　もちろん、デジタルネイティブが映像コンテンツを全く見ていないというわけはない。彼（女）らにとって、動画はYouTubeに代表されるようにスマホを経由して見るもので、テレビよりも身近（または個人的）なも

---

4. 広い意味でVoIP（Voice over Internet Protocol）技術を利用した電話サービスのこと。電気通信事業者の回線を経由した電話番号利用も該当するが、主にインターネットを利用した電話を指す。

のとなっている。もちろん仔細なアンケートを実施するとスマホでテレビを見ている形跡もうかがえるが、いずれにせよ、インターネットプロトコルを介さない地上波のテレビを一生懸命見ている生徒はなかなかいない。したがって彼らにとっては、前述の飲食店経営の課題においても、テレビCMを使った宣伝という発想は不自然に感じられるのである。

　とあるリゾートホテルは、若者向けと思われる新しい温泉施設のCMを、県内のローカルテレビ局で流している。リゾート施設であるにもかかわらず、当該地域で放送されるテレビ局を使って宣伝していること、また、ターゲットが若者であると思われるのに、メディアがマスであることも的外れだ。これは分かりやすい典型的な一例だが、IT前提経営を考慮しないと、このようなことを平気でやってしまうのである。

デジタル・マーケティング

　IT前提経営ではデジタル・マーケティングを理解し、適切に導入・運用することが重要だ。しかし、その媒体は決して複雑で専門的なものだけではなく、例えばソーシャルメディアなど身近なものも多い。着目すべきは、ただ1点。広告を出す対象をピンポイントで設定できるということだ。

　我々の消費行動（ここで言う消費には、モノだけでなく情報も含まれる）や行動履歴は、ソーシャルメディアやスマホそのものを通じてビッグデータ化され、整理されている。それを分析することで、高度なターゲット・マーケティングが可能になった。年齢、住所、移動情報、位置情報、購買履歴、嗜好性、年収、家族構成など、挙げるときりがない。Facebookのような実名前提のソーシャルメディアでは当然のことだが、そうでなくても個人情報の提供を許可した先、つまり無料で閲覧できるウェブメディアなどでは、読者やユーザーが何を好むか、または何を好む傾向にあるのかなどがデータ化されている。

　デジタル・マーケティングの本質は、究極のターゲット・マーケティングである。広告主は、今までの旧マス4媒体の広告のようにぼんやりとした対象ではなく、事実（データ）に対して効率的に費用を投下できるため、最小限の投資で最大限の効果を引き出せ、効果の評価についても事実が提

供される。したがって、その評価をもとに次の打ち手を考え、PDCAを回していけるのである。最近では分析とPDCAすらクラウドに任せてMA（Marketing Automation）で解決される。MAツールなるものの値段はとても安く、基本的な考え方や使い方をよく知っていれば自前でもできてしまう。IT前提経営のアドバイザリーにおいては、まず最新の技術やサービスが比較的安価に利用できるということに興味を持って、触ったり、試行錯誤したりすることを推奨する。それすらできないのであれば、「デジタル・マーケティングの適切な導入」への道のりは遠い。

2.3　あるものは使う：開発会社の独占的地位の崩壊

　第1章で、IT前提経営の6大要素の一つとして「クラウドサービスの適切な導入」を挙げた。一昔前は一部の開発会社だけが「開発」を独占していた。彼らが有する高度な人材やその他の独占的なリソースが必要であったため、基幹システムを開発するとなれば、多額の資金をもって依頼したわけだ。不思議なことに、現代でもそこに頼りきりのビジネスマンが一定量いて、それによって大手開発会社のビジネスが成り立っているという側面もある。

　しかし、インターネットの登場により、社会学で言うところの「中間層」[5]がソフトウェアのプログラミングを扱えるようになり、加えて、紆余曲折しながらもオープンソースの概念が浸透して、梅田氏の言う「チープ化」が進んだ。これにより、大手開発会社の要求する莫大な費用が一概に正統化できない時代が到来した。

　多額の資金を投じてオーダーメイドで開発した基幹システムと同等の機能が、クラウドサービスによって無料提供されている可能性がある時代だ。それどころか、そちらの性能の方が優れていることすらある。これは特別なことではなく、この種の情報を少し調査すれば分かることだ。先ほど「独

---

5. 一部の一流研究者や大資本・権力ではないが、大衆でもない、その間の層の人々をいう。

占的なリソース」という言葉を使ったが、あらゆることが検索できるインターネットの時代には、独占できるリソースなどほぼない。それなのに、なぜ莫大な費用をつぎ込んで、とてつもなく大きなリスクをとるような経営判断が続くのだろうか。これもまたIT前提経営が解決しなくてはならない問題の一つである。

　IT前提経営への理解は、圧倒的に会社や組織の経営環境を変える。第1章でも例を挙げたが、例えばCRMならば、開発する前に当然Salesforce.com（セールスフォース・ドットコム）を検討すべきだ。現時点で、1人当たり月額数千円から1万円程度で利用できる。Salesforce.comは膨大なビッグデータをベースとしたクラウドサービスだ。同社の時価総額は2020年1月時点で1600億ドルを突破しており、零細企業から大手企業まで同じサービスを受けられる。ここではその技術や機能については紙幅を割かないが、グローバルでの導入社数は2019年の時点で既に15万社を超え、日本でもCRMのデファクト・スタンダードとなっている。既に出来上がっている素晴らしいサービスがとても安く利用できるのに、それを知らないがために、または知らないふりをして（？）多額の開発資金を投じるという経営判断には大きな問題がある。「知りませんでした」では済まされない。

　いまや、デジタルネイティブたちが新入社員として入社してきたり、顧客になったりする時代だ。彼（女）らには馴染みのないマスメディア一辺倒で広告をしていたり、世界中で使われているクラウドサービスを無視して自社だけのレガシーなシステムを使ったりしている企業に、彼らは魅力を感じない。このままでは優秀な社員だけでなく、顧客も離れていってしまうという危機感を持つ必要がある。IT前提経営の発想では、自発的にそれに気付けたならば、そこから先の改善は比較的容易なのだ。

2.4　国内でIT前提経営がつまずく事例

IT資産に対する正しい評価

　「クラウドサービスの適切な導入」に関してもう一つ重要なことは、IT

デューデリジェンス（IT Due Diligence, ITDD）の出現と必要性である。例えば、ある企業が3億円で自社独自のソフトウェアを開発したとする。すると当然バランスシートにソフトウェア資産として「3億円」が載り、それを償却していく必要がある。さてM＆Aが起こったとき、この3億円はそのままソフトウェア資産として評価されるだろうか。もし、「これは3億円かけて開発したようですが、最近のクラウドサービスには月々1万円で同じものがありますよ」と評価されてしまったら、簿価3億円がほぼ0円になってしまう。

　一流の開発会社に多額の費用を払ってピカピカのソフトウェアを作ってもらった側からすれば、それを高く評価してもらいたい気持ちは分かる。しかし「これはあのクラウドサービスで代用できますよ」と言われた瞬間に、高価な「作品」の価値はなくなってしまうのだ。当事者にとっては天地がひっくり返るような話だが、このような事例は数多く存在する。あるいは、そのような事態に気付いてすらいないマネジメントも多い。このような悲劇を防ぐためにも、私は「IT前提経営」という平易な言葉を作って、その啓蒙活動をライフワークにしているのである。

iPhone 7 Plus登場の意味

　2017年の夏に、公認会計士向けに講演を行った。タイトルは「IT前提社会におけるプロフェッショナル業務の今後と実務者の業務のあり方の変化事例」で、主にIT前提経営と監査に関する話をした。会計士が会計のプロであるのは当然だが、彼（女）らが担う仕事内容には数字以外の事柄もつきまとってくる。バランスシート上にあるIT資産評価の妥当性を評価するのも、その一つである。

　極端なエピソードとしてiPhoneの新商品が招いた出来事を紹介したい。2016年9月に発売されたiPhone 7 Plusは、4K動画を撮影し、それをリアルタイムにブロードキャストできる。また、他の映像編集の機械を介さなくとも、iPhone上で直接編集ができてしまう。

　さて、テレビ局はパラボラアンテナの付いた中継車を所有している。一昔前は、国会議事堂前に各社の中継車がずらっと並び、中継を行うのが当た

り前だった。しかし今ではそのような景色は見かけない。iPhone 7 Plus の登場こそがその理由だ。肩に担ぐ巨大なカメラよりも、4K動画が撮影できるスマホの方がはるかに機動性が高い。さらに、高度な手ブレ補正も実装されており、撮影した4K動画を映像編集ソフトで編集して、そのまま中継することもできる。つまり、現場ではiPhone 7 plusさえポケットに持っていれば仕事が全て済んでしまうのだ。こうなると、中継車は埃を被って駐車場に停まっていることになる。

　会計監査の話に戻すと、業務に使われていない中継車は「減損」の対象となる可能性がある。そうなると、限りなくゼロに近く評価しなければならない。仮に3億円の中継車を10台所有し、それが資産としてバランスシートに掲載されている場合、減損と評価されると大変なことになる。これはすぐに株主に開示しなくてはならない事態で、その事実を発見できなかったり発表が遅れたりすれば、訴訟の対象にされかねない。なにしろ「確実にあります」と宣言して、公認会計士が「適性」と判を押した価値が、一夜にして「ゼロ」になるのだ。見方によっては善管注意義務違反だ。講演でこのエピソードを話したとき、会場が静まり返った。既存の教科書や枠組みがほとんど通用しなくなると感じられたからかもしれない。

　会計士は、テクノロジーの進化やITの値段といった、会計監査に必要な背景に疎い。その結果、本来減損の対象となるべき使用されていないIT資産（ソフトウェアなど）をバランスシートに掲載したまま、適性の判を押してしまっていることがある。投資家はその情報に基づいて投資を行っているので、事業会社と投資家の双方に知識や認識が欠如した状態になると、またはこれまでの言葉を使って「アンテナが立っていないと」予期せぬ損失が発生しかねない。間違った情報をもとに投資して損してしまった投資家は、事業会社を、さらには会計士を訴えるかもしれない。

　昨今、残念ながら監査法人の不正が続いている。会計士は資格を持っているから問題ないと安心しきっているならば、そのマネジメントにも問題がある。一方で会計士自身もしっかりとテクノロジーを理解していなければ、的確な評価ができない。「知らなかった」では、自分の身に危険が降りかかってくる可能性すらある。公認会計士も、「公認」を与えている団体も、ITに対してしっかりとアンテナを立てていなければ、業務に支障をき

たすことになる時代なのだ。

事業会社と開発会社の「関係」が招いた悲劇

　ITが普及しはじめた時代に、開発会社は技術を売りにしていた。有名な大手開発会社は学生たちの就職先としても花形で、1990年代後半から2000年頃には、ハードウェア、ソフトウェア開発、そこで利用するデータベースやミドルウェアなど、全てを販売していた。しかし今では、そのようなビジネスはかなり難しい。とりわけ日本国内の大手開発会社にとっては正念場だと言える。

　私がアドバイザリーを行っていたとある上場会社の話を紹介する。その会社は、社員数千人で利用する共有フォルダのようなストレージの開発を大手開発会社に依頼した。しかし、経営者が見積に対する不審感を持ったようで、あるとき調査依頼を受けた。見積額は約2億円であったが、同社が開発会社に提出していたRFP（Request For Proposal、提案依頼書）を読んでみると、私は直感的に「無料のGoogleドライブの機能で十分だ」と感じた。経営者の漠然とした不審感と一致したのだ。

　さて、無料のシステムと同等のものに大金を費やそうとしたことに怒ったその経営者が情報システム部の責任者を問い詰めたところ、返答は「無料のものはセキュリティに危険があるが、独自開発すればその心配がない」というものであった。

　この手の発想——つまり無料は危険で有料は安全という発想には、よく遭遇する。しかし、実際にGoogleが公表しているSLA（Service Level Agreement）をダウンロードし、発注先の大手開発会社が出してきたSLAと比較してみると、性能・セキュリティの両面で圧倒的に無料のサービスの方が優っていたのだ。なぜなら、近年Googleは年間数兆円以上の資金をクラウド事業に投資し続けているからだ。いかに日本の大手開発会社といえども、2億円程度の開発規模では勝てるはずがない。これは、日経新聞から得られる知識だけでも簡単に想像でき、かつ判断のつくことだ。1.3節で紹介したエピソードと同じく、悲惨な話である。

　経営者は、見積を出した開発会社に対しても「騙された」と怒りを向け

たわけだが、おそらく開発会社の中にも「無料のものの方がよい」と感じていた人がいたと思う。しかしそれを認めてしまったら仕事がなくなってしまう。これこそが、彼らにとっての切迫した問題なのだ。実際、ITベンチャーの経営に関わっていると、そういった大手開発会社から「正しいIT提案をしたい」という理由で転職してくる人が非常に多い。

　先述のテレビ局中継車の話もそうなのだが、技術の進歩と「チープ革命」は、既存の大きな産業を消しつつある。例えばスイスのCATVの会社では、企業経営に技術革新を率先して取り入れていた[18]。その結果、大きなカメラなどへの投資を止め、社員は皆iPhoneだけで中継している。

　当然ながら、この変化によって仕事が減ったり、なくなったりする人たちや会社が現れる。もしかすると大手開発会社もその一つとなるかもしれない。しかし一方で、依然として、無料で利用できる技術があるにもかかわらず、「優秀なエンジニアをたくさん組織して、1年かけて完成しました。費用は数億円です」というビジネスが成り立っている場面もある。ITの知識と経験がないため、無条件に大手開発会社に任せきりとなる企業も多いからだ。私のアドバイスの仕事も、まだまだ終わりそうにない。

内製主義と外注主義の日米比較

　IPOを控えた事業会社のIT内部統制に助言を行う際に、私は「内製主義」「外注主義」という言葉をよく使う。当該企業が今後IT施策をとる際に、ITの導入やシステムの開発・保守を自社で行うのか、それとも外部の開発会社などに外注するのかという意味である。内製主義を選んだ場合、エンジニアやインターフェイスデザイナー、デジタル・マーケティングの専門家などを雇う必要がある。場合によっては、これまでにない「新しい文化」を取り入れることになるため、それをしっかりと理解した上での組織化や、既存の社風と新しい文化の統合などが必要となり、相当な覚悟を持って行うべきチャレンジとなる。一方、外注主義の場合は、事業会社側にはベンダーコントロールの経験を持った人材が必要になり、信頼できる開発会社を選定できるか否かがポイントになる。

　一見、後者の方がリスクが低いように思えるが、IT前提経営において留

意しなくてはならないことがある。これまで事業会社における内製主義と外注主義の日米比較をいろいろな方法で試みてきた。独立行政法人情報処理推進機構（IPA）の『IT人材白書』などを読み込んで各国の数字を検討していくほか、さまざまな方法でざっと数値化すると、日本の外注率は70％を超え、米国は30％を切っている。つまり、日本では本来内製すべきことを外注しているので、大手開発会社のビジネス規模が非常に大きいという特徴がありそうだ。

　さて、ではなぜ米国では内製主義が多いのか。これについてはまだ研究中であるが、米国の数社の上場企業（時価総額数千億円から1.5兆円クラス）の役員とディスカッションをすると、共通して「内製主義の方が圧倒的にITの実装のスピードが速い」という意見を聞く。自社のサービスのアプリを作ってみるとか、新しいデジタル・マーケティングを試してみるという場合、いずれもトライアンドエラー、またはPOC（Proof OF Concept、概念実証とも呼ばれる）が何度も必要なので、そのたびに外注していると開発スピードが遅く、コストも高くなるため、商機を逃す。ディスカッションをしたうちのある会社はITに全く無関係の業種だが、全社員の最低15％以上はITの専門家が必要と考えており、ROI（Return On Investment）の観点からはまだまだ足りないと言う。また、多くの機関投資家が内製主義を評価しているという情報も得られており、米国における一種のトレンドであると言えそうだ。こうなると、株式市場が国際化しつつある中で、日本企業の内製主義比率の低さが懸念される。引き続き注視していきたいと思う。

2.5　ITに対する正しい評価力を持つこと

　IT前提経営においては、ITのプロフェッショナルにはならなくてもよいのだが、ITに関して感度の高いアンテナを立てておく必要がある。経営におけるIT不調の原因のほとんどは、経営陣の「テクノロジーに対する好奇心」のなさだ。「IT人材」が会社にいないことを嘆き、その結果、大手開

発会社のOBを情報システムの責任者に招いたりする。すると往々にして大手開発会社の約束ごとやビジネスモデルに巻き込まれてしまうので、また同じように誤ったIT投資を繰り返してしまう。

　昨日までの常識は今日からは通用しない。したがって、その感覚を理解している人が要職につき、かつ、その人が自らのアンテナで受信し咀嚼したことを組織全体に伝える能力も持ち合わせてなくてはならない。これまで述べてきたように、一夜にしてIT資産がゼロになるような時代だ。この天地がひっくり返るような出来事は、インターネット時代に繰り返し起こってきた事実である。GAFAの躍進などはその典型であるが、前述したiPhone 7 Plusなどの登場により、衰退していく産業はたくさんある。印刷業や出版業などはその典型だが、大規模かつ花形であった自動車産業も、EV化によって、これまでサプライチェーンを支えてきた多くの優秀なサプライヤーが退場を余儀なくされている。しかし、そのことを誰も教えてはくれないのである。自分で時流を判断するしかない。外注主義は「前の時代の経営」となりつつあるのだ。

　いまや、ITに無関心なままでビジネスの遂行はありえない。私も何度も経験したが、例えば商品の広告を依頼する場合、大手企業よりも、デジタル・マーケティングが得意なベンチャーに頼んだ方が良い成果が出る可能性もある。同様に、システム構築などでも、大手開発会社とともに、中小規模の優秀な開発会社への発注も視野に入れなくてはならない。しかし、こういったケースや事実が理解されていたとしても会社という「組織」を説得するのは一筋縄ではいかない。なぜ大手ではなく小さな開発会社を選んだのか説明し、説得するのは至難の業だ。したがって、顧問税理士を雇うように、信頼できるITアドバイザーを雇う必要がある。

　とある大企業がシステムをクラウドに移したいということで相談に乗ったことがある。経営者は、GCP（Google Cloud Platform）の利用を決めており、大手開発会社に依頼済みだった。しかし進みが悪く、「いつまでたっても提案が出てこない」とのことで確認したところ、開発会社の外注先のシステムベンダーに問題がありそうだと気付いた。そこでヒアリングと調査を実施すると、そのシステムベンダーには、難しいプログラミング言語や高度なフレームワークを扱えるエンジニアはいたが、GCPやAWS

（Amazon Web Service）といった最近のパブリック・クラウドを自信を持って扱えるエンジニアが全くいなかったのだ。残念ながら取引を終了せざるを得なかった。結局、パブリック・クラウドを上手に扱えるベンチャー企業を紹介して、取引するかどうかはその経営者にお任せした。

　少なくとも30年前までは最先端を走り続けていた、国内の歴史ある開発会社がなぜ最新技術に弱いのかについて、明確な説明はできない。しかしおそらく、オープンソースとインターネットの台頭に関係がある。現代においては、ベンチャー企業や優秀な個人が、大きな組織と同等またはそれ以上の力を持ちつつあるのだ。

　ただし、IT前提経営は、単にレガシーが悪くベンチャーが良いという考え方ではない。ほんの数十年、あるいは数年前まで正しかった方法や考え方が、全くもって通じず、逆転してしまったのである。この変化は一気に起こったので、同じ組織の中に、適応できる人と適応できない人が同時に存在してしまう。今この瞬間は、適応できない人の方が「数」と「力」を持っているが、それもあと数年の話だ。デジタルネイティブが社会人になり、活躍しはじめている今、これからさらなる逆転現象とそれに伴う摩擦が起きるのである。

2.6　IT前提経営における発注

　これまで述べてきたように、IT前提経営では発注の方法がとても重要になる。ゼロスクラッチでビジネスを始めるのであればこんなに素晴らしい時代はないが、既存の大きな組織を伴ったビジネスにおいては悪夢である。なぜなら、大企業が大企業に発注して問題解決するというような既存のプロセスでは、優秀な個人を見つけて仕事を発注することは、ほぼ不可能だからだ。クラウドソーシング（crowdsourcing）も視野に入っている現代において、発注先の信用を何で担保するのか。その尺度がかなりドラスティックに変わってきているように思う。帝国データバンクの評点や資本金の多寡に頼る時代ではなくなってきたのである。

　メディアを例に挙げると、これまでメインストリームだった4媒体は、いつの間にか「旧マス4媒体」と呼ばれるようになってしまった。私の世代は、NHKを信頼し、新聞を読めと言われて育ってきた。もちろんメディアの情報は批判的に受け取らなくてはならないが、メディアリテラシーをしっかり確保した上で接していさえすれば、さして問題にはならなかった。しかし、繰り返しになるが、今の若者はテレビを見ない。それどころかテレビのことを「ディスプレー」と呼ぶ。そこにスマホをつないで、あるいはAppleTVやChromeCast経由でYouTubeやAmazon Prime Videoを映して見たり、ゲームをしたりするための道具にすぎないからだ。電源を入れた後は、もっぱらリモコンの外部入力ボタンを押すだけで、真ん中にデカデカとある1から12までの「権威ある」ボタンは押されないのだ。

　これを「パラダイムシフト」の一言で片づけてしまうのは見当違いだ。もはや、大きいことや力が強いこと、または人数が多いといったことは「権威」とは無関係になりつつある。友人のデジタルマーケッターや売れっ子データサイエンティストは、「大手」の仕事は引き受けない。その理由として、この2人が口を揃えて言うことは「大手は学ぼうとしないから」だ。ITの導入において、開発したり選んだりしたものが組織の中で最初から完璧に動くことはなかなかない。したがってトライアンドエラーがとても重要な要素となるのだが、発注者がそのことを学ばなかったり理解しなかったりすると、エラーしたときに大変な「炎上」が起こる。学ばなくとも、せめて導入されるITに興味を持って接すれば、そこから理解が生じて問題化することは少ない。好奇心すら持たない大手企業との仕事を避けるのは、この2人からすると自己防衛のためなのであろう。

　IT前提経営のアドバイザリーにおいて、このような局面にはとてもよく遭遇する。しかし経営側が興味のない人に興味を持てと言ったところでなかなか難しい。その場合は、いったん人事政策を忘れて、全社から興味のある人を探すのである。大きな組織であればあるほどITにアダプタビリティが高い人材がたくさん潜在している。そういった人材にしっかりとリーチできれば、適材適所がかなう。ITに関わりのない業務に携わっているとしても、個人的にはITにとても強い興味・関心を持っている人は意外と多いのである。

コラム：M&A と IT 前提経営

日本における M&A 環境

　日本企業の M&A（企業の買収・合併）は、（株）レコフデータの統計によると、公表案件数ベースで 2019 年に年間 4,088 件と過去最高記録を更新した。1999 年に記録上初めて年間 1,000 件を超え、その後リーマンショック前に 2,500 件を超えたものの、リーマンショック後に数年間 2,000 件を下回り続けた時期を経て、現在の増加トレンドとなった。現在、多くの中小企業が抱える後継者問題の有力な解決手法として、M&A が活発に行われており、それらの多くは公表されないため、実際に日本で行われている M&A は年間 4,000 件よりもはるかに多いと考えられる。

　この間、M&A を取り巻く業態も発達してきた。以前は投資銀行や証券会社などが主に手がけてきた M&A アドバイザリー／仲介サービスは、独自に業界化し、既に何社も上場企業となった。いわゆるプライベートエクイティと呼ばれる投資会社は、過去にはハゲタカファンドなどと悪いイメージを持たれたこともあったものの、（株）レコフデータの統計によると 2018 年には年間 800 件以上の M&A がプライベートエクイティによるものであり、M&A における重要な業界となった。また昨今では、まだ産業化はしていないものの、クラウドで売り手と買い手をマッチングしたり、仲介会社とマッチングさせたりといったサービスの提供も増えてきている。

　M&A は、ビジネス面からは事業の取得や譲渡、法律面からは経営権の取得、財務面からは投資と将来キャッシュフローの獲得の行為である。シェア拡大、海外展開、新規事業獲得のような企業の持続的成長のために用いられたり、事業ポートフォリオの見直しやオーナー企業の事業承継のような事業の承継のために用いられたり、プライベートエクイティのように投資運用のために用いられたりもする。

　このような M&A の世界においても、昨今、IT 前提経営の観点が重要になってきている。さまざまな M&A の当事者の立場から、M&A と IT 前提経営との関わりについて、ここから論じていく。

買い手の立場における IT 前提経営

　買い手の立場からは、買収対象企業が IT 前提経営企業かどうかは、買収を検討していく上での大きな魅力となり、高い企業価値を評価し得る重要な要素となる。ヘルスケアテック、HR テック、アパレルテックといったいわゆる X-Tech（クロステック）企業やデータカンパニーは、当然のことながら IT 前提経営を実施している。そのため、それらの会社の企業価値の多くが IT 前提経営によって構成されているのは当然のことである。

　レガシー企業によるスタートアップのテック企業買収などは表面的にはテクノロジーや技術を買収しているように見えるかもしれないが、本質的には IT 前提経営企業の買収である。IT 前提経営という言葉を用いているかどうかは別として、当事者である買収検討企業の経営陣や案件担当者は、IT 前提経営が掲げる要素が企業活動に体現されて非常にうまくいっていることに驚き、魅力を感じ、評価している。

　自らが IT 前提経営の必要性を認識し、その実践を経営課題としている中で、IT 前提経営企業を買収することで、その企業の取り込みのみならず、自社既存事業への良い影響も期待して行われる買収は増えている。新たなテクノロジーや技術を技術要素としてだけ必要なのであれば、ライセンスや提携で事足りることも多く、企業を買収する必要性はそれほど大きくない。実際、例えば製薬業界では、M&A よりもライセンス買収が多く利用される。しかし、テクノロジーや技術を用いたビジネスそのもの、また組織体、企業文化、取引関係などを含めた事業体そのものを取得する必要がある場合には、やはり M&A が必要であって、それは IT 前提経営企業を買収していることにほかならない。

　例えば e コマース企業やウェブメディア企業を買収する場合でも、IT システムそのものに価値がある場合もあるものの、実際には IT 前提経営の価値、つまり、デジタルネイティブが中心となる時代に向けた適切な IT を経営に導入することでビジネスを最大化できている、という点に本質がある。

　現在では、テック企業など IT 業種のみならず、あらゆる業種において、IT 前提経営が行われているかどうかが重要になってきている。それは、デジタルディスラプションが進行していく中で、旧態然とした企業、つまり

レガシーな経営の企業の持続的成長を評価し続けることは困難になってきているためである。

　例えば従来型のカタログ通販会社やカラオケチェーン運営会社が、eコマースやスマートフォンの登場や、それらを前提として生活するデジタルネイティブに生活や消費の中心が移っていくことへの対応に追いつかず、有効なデジタル・マーケティングも打てずにいた結果、いろいろな要因で過去に比べて業績がふるわなくなり、成長性にとぼしくなって、低い企業価値に評価されたまま買収される、といったケースがある。これらはIT前提経営にうまく切り替えられない状態が継続したために陥った現象と捉えることができる。逆にIT前提経営を実現していれば、高い評価が得られる。実際、優れた成長計画を描けている会社は、精査していくと、かなりIT前提経営が進んでいることが多い。

　一方で、買収対象企業がIT前提経営をできていない、または不十分であることは、買い手にとっては投資機会になり得る。レガシー経営としての評価価値で買収し、買収後にIT前提経営を行うことで、成長軌道に乗せて企業価値を高めていくことができるからである。

　プライベートエクイティのような投資会社は、経営改善を各種支援することで投資先のバリューアップを図っていくが、現在強力に進めているバリューアップ手法の一つは、投資先をIT前提経営にすることである。

　例えば、大企業グループの子会社が、レガシーなグループ経営のもとで成長の方向性が見えなくなっていることは多々あり、ポートフォリオ整理の中で、その打開をプライベートエクイティに託すかたちで売却されることがある。そして、実際にプライベートエクイティの投資先となると、機動的な意思決定が可能になり、IT前提経営が導入され、成長企業となるというケースは増えている。

　また、大企業グループからの子会社取得であっても、オーナー企業からの事業承継であっても、対象会社の将来の持続的成長を任せてもらうために、プライベートエクイティには、IT前提経営の実現力について実績を含めて説明できる必要が生じてきている。このことを理解しているプライベートエクイティは、実際にIT前提経営の支援ができる人材を雇い入れたり、アドバイザーとして任用したりしはじめている。

売り手の立場における IT 前提経営

　売り手の立場からしても、今後は IT 前提経営ができる買い手を魅力的に感じるようになっていくと思われる。簡単に、買い手が IT 前提経営かレガシー経営か、売却対象企業が IT 前提経営かレガシー経営か、という組み合わせで4通りのパターンを考えてみる。

　買い手も売却対象企業も IT 前提経営（パターン①）であれば、買い手は対象企業の価値評価を積極的に行いやすく、また買収後の各種シナジーの実現スピードが速く、対象会社の成長を加速させやすくなると考えられる。

　買い手が IT 前提経営で、売却対象企業がレガシー経営（パターン②）の場合には、買収後の対象企業には適切に IT 前提経営が導入され、成長軌道に復帰したり、成長を加速させられたりする可能性が高い。売り手からすると、適切な売却プロセスを実施することで、レガシー経営企業としての評価価値に加えて、買収後の伸びしろを原資とした買収価格へのプレミアムも期待できる。

　買い手がレガシー経営で、売却対象が IT 前提経営（パターン③）の場合、売却対象企業への価値評価が過少になる可能性がある。また、レガシー経営で子会社管理され、本来の企業価値が損なわれていくことへの懸念がどうしても残る。

　レガシー経営同士の M&A（パターン④）は、買収後に相当の苦難が待っていることが予想される。ひと時代前までに行われてきたシェア拡大その他のシナジーは期待できるかもしれないが、その実行スピードは遅くならざるを得ないし、それを行っても、デジタルディスラプションにより結局競争力が維持できなくなる可能性がある。

　現時点における M&A の現場では、IT 前提経営がまだ十分にはできていなくても、それを目指している企業は有力な買い手になり得る（①と③の中間）。例えばテック企業の売却などでは、IT 前提経営が自前でできていない大手企業を有力な買い手として、グループの IT 前提経営化戦略の一端ないし推進役としての期待を受けて高い評価で買収されることを目指すケースもある。

　また、中小オーナー企業の事業承継ニーズが増えているが、今後、この

分野においても、IT 前提経営は重要になると思われる。IT 前提経営にしておけば、良い買い手に安心して承継してもらえるし、高い評価も得やすくなる。一方、IT 前提経営になっていない場合には、承継先が見つかりにくかったり、低い評価で承継せざるを得なかったりする状況になる。ただし、買い手側が IT 前提経営企業である場合、事業承継後に会社が良くなっていく、または良くしていける可能性は高い。日本においてレガシー経営から IT 前提経営への移行が順調に進んでいけば、現在よりも事業承継が進みやすくなるかもしれない。

M&A アドバイザー、仲介会社における IT 前提経営

　M&A のアドバイザリーファームや仲介会社も、IT 前提経営を行う必要がある。受注活動や情報管理、プロジェクト進行、コミュニケーション等、あらゆる場面において、例外に漏れず、IT 前提経営はアドバイザリーファームや仲介会社の経営を直接的に改善する。

　昨今のウォール街の投資銀行では、優秀な若手人材層がシリコンバレーに流れてしまうのを防ぐためにも、シリコンバレーのテック企業の業務環境や働き方を取り込みはじめている。日本はまだ遅れている。長時間労働が状態化し、生産性向上や業務改善にあまり力を入れてこなかった業界でもあり、なかなかそこを脱皮できていない。業務環境については、シリコンバレーから直接輸入することはなかなか難しいとしても、ウォール街の動きなどを適宜輸入していく必要がある。

　また、そもそも世の中が IT 前提経営に進んでいく流れの中で、それを理解できていなければ、顧客企業の M&A を適切にサポートすることはできない。ただ見聞きするだけでは不十分であり、社員全体が組織として IT 前提経営を日々実践、経験していくことが極めて重要になってくる。

M&A と IT 前提経営

　このように、M&A と IT 前提経営という、あまり論じられることがないテーマについて、アドバイザリー現場とファーム経営の中での経験と状況理解をもとに、あくまで現場目線のコラムとして論じてみた。意識しなけ

ればあまり見えてこない世界かもしれないが、さまざまな企業活動の局面においてIT前提経営が確実に重要になってきていることを理解するために、M&Aとの関係は良い材料と言えるかもしれない。

　過去20年での日本のM&A件数の増加は、日本企業が市場や環境の変化に合わせて事業の範囲を大胆かつ柔軟に変化させていく経営手法を身に付けてきた証左と考えられ、今後ますます常用化されていくと考えられる。そしてIT前提経営は、デジタルネイティブが中心となる社会に移行していく中で、市場や環境の変化に合わせて適切なITを適用することで大胆かつ柔軟に変化させていく経営手法であると言える。

　両方とも、これからの市場や社会の変化へ企業が対応して持続成長していくために必須のものと考えられ、M&A×IT前提経営を、自社の企業経営への乗数として掛け算していけるかどうかは、5年後10年後に相当の差を生じさせることになると思われる。

コラム執筆：佐藤 創（さとう はじむ）

　ガーディアン・アドバイザーズ（株）／代表取締役パートナー。大学卒業後国内大手証券会社のM&A部門に身を投じ、その後、米系大手投資銀行にて大型M＆A案件に従事。リーマンショック後は国内で新興のM＆Aアドバイザリー会社、米系M＆Aブティックでクロスボーダーを含む中小規模のM＆A案件に従事。2015年から現職。1976年東京生まれ。慶應義塾大学法学部政治学科卒業。

第3章

企業・学校・役所の
IT前提経営

3.1　ノマド・ワーク：ライフスタイルのパラダイムシフト

　近年、地方に移住する人が増えてきた。言い換えれば、「移動の自由」という新たな選択肢の出現である。とはいえ、定年退職まで都市で一生懸命働いた人たちが、「セカンド・ライフ」として、良い気候の中で優雅な暮らしに臨める場所で過ごすのとは異なる。IT 前提経営におけるノマド・ワークにはモビリティの高さが伴い、引退した世代ではなく現役の世代にとって合理的な生き方の実現である。ここで言う合理的な生き方というのは、誰かが作ったライフスタイルのモデルに適応したり、「不都合な決まりごと」にとらわれたりすることなく、各個人が望むそれぞれの生きやすさを追求することである。果たしてそんなことは可能なのだろうか。

　私は IT 前提経営の 6 大要素の一つとして「ノマド・ワークの導入」と「モビリティの向上」を挙げている。家賃の高い東京ないしはその近郊に住まいを選択して、給料の大半を家賃に費やす状況に疑問を抱くことはないだろうか。決められた時間に満員電車に乗って都心の会社まで 1 時間以上かけて出社することが美徳である時代は、もはや「オワコン」になっていることは、誰もが薄々感じているだろう。モビリティとは一義的には「移動」を指すが、「移動しない」ということもまた高度なモビリティである。言葉遊びのようになってしまうが、移動することと移動しないことは、後述する「テレ・サイエンス」においては、ほぼ同義になるのである。インターネットが実現可能にしたノマド・ワークは、労働拠点の変化にとどまらず、生活に選択の自由を与える大きな変革とも言える。もはやどこで仕事をするかということは重要ではないことに気付かなくてはならない。

3.2　モビリティの向上

新幹線と「ラストワンマイル」

　まず、モビリティの向上について、私の住む長野県白馬村を例に説明す

る。都心から自動車で片道4時間以上を要する距離だが、東京駅から長野駅までは、最も早い新幹線に乗れば1時間半程度でアクセス可能だ。問題は長野駅から白馬村までの「ラストワンマイル」で、長野駅からJR大糸線の白馬駅までは、2時間半以上を要する[1]。乗り合いバスでは1時間と少しだが、当然、東京と違って本数が多くない。当日中に白馬村に到着したい場合は、長野駅からの最終バスが繁忙期を除くと20時台なので、18時台の新幹線で東京を出なくてはならない。つまり、仕事が終わってからでは前泊旅行ができないのである。

　しかし長野駅から車に乗れば、金曜の遅い新幹線で長野駅入りしても、白馬長野有料道路を利用してちょうど1時間で白馬村まで行けるのだ。これはモビリティの向上と言える。長野駅前のコインパーキングは都市部のものと比較にならないほど安いため、私は2週間くらいであれば車を置きっぱなしにしておくこともある。東京都心から長野駅まで新幹線で1時間半、そこから車で白馬村ないしは他のスキーリゾートに1時間の、合計2時間半で到着する。周知のように長野県には、志賀高原スキー場、白馬バレー、野沢温泉スキー場など世界に名立たるスキー場がたくさんある。そういった一大レジャーが長野駅の交通改革と、コインパーキングの利用などのちょっとしたアイディアによって、より身近な世界となる。これがモビリティの発達と言える。なにも高度なテクノロジーを利用することだけがモビリティの本質ではない。アイディアとその実行力も、経営に直結する重要な要素である。

モビリティの可能性を問う

　白馬村へのモビリティ向上は、先に述べたような交通改革やアイディアだけにはとどまらない。昨今では、富裕層を中心にヘリコプターを利用してスキーリゾートにやってくるケースがある。所要時間は、新木場の東京ヘリポートから約60〜70分だ。一昔前は片道100万円程度という通説があったものだが、現在では1分当たり4,000円程度まで価格が下がってい

1.JR大糸線で松本駅〜白馬駅間が約1時間50分。さらに言えば、長野駅〜松本駅まで約1時間は要する。

るので、片道70分として28万円である。そうは言っても1人当たり28万円はというのは大金だが、5人乗りであれば1人当たり5万円を切る。そこまで値段が下がれば、豪勢なレジャー利用以外にも、急用があるときや、仕事で疲労がたまっている場合などにも日常的に使える移動手段となり得る。

　当然ながら、現在はまだ便数が少ないので、実現のための課題が多い。また、日本は高度に鉄道が発達していることもあり、飛行する移動手段の経験値が極端に低い。しかし、東京から熱海や伊豆方面に格安で飛ぶヘリサービスは増えてきており、欧州から日本に営業に来ているヘリコプターのマニュファクチュアラーの営業マンの言葉を借りれば「航空モビリティのブルーオーシャン」が日本なのである。

　飛行する移動手段に関しては、日本国内よりも海外の方が進んでいる。これは文化の違いと言い換えてもよいが、国土の広い欧州や米国ではヘリコプターや自家用小型飛行機（セスナ）の所有やシェアサービスも多く、身近な乗り物となっている。昨今では、1,000万円以下で個人が購入できる2人乗りのジャイロコプターを売るメーカーも増えつつあり、YouTubeでは、母親が副操縦士席に設置したチャイルドシートに赤ちゃんを乗せて、自分でヘリコプターを操縦して移動する動画がたくさんアップロードされている。

　こういった文化が根付いた社会には、新しいモビリティが入り込みやすい。例えば、Uberのドローンタクシーは、既にドバイにおいてテスト運用が開始されている。これはスマホのアプリで予約して乗る電動無人ヘリで、2028年に予定されているロサンゼルスオリンピックでも積極的に導入するための手続きが進んでいる。基本的には交通渋滞緩和のためだと言うが、実施に踏み込む発想は実に「TECH Oriented」のお国柄らしいと言える。

　モビリティの向上は、テクノロジーの進歩だけではなく、日常的な利便性の追求からも生まれてくる。ドローンタクシーまで飛躍せずとも、例えば長野駅からのラストワンマイルの車の運転が自動化されるだけでも、精神的・体力的な負担がかなり軽減される。移動という行為のストレスをより軽減させるためにさらなるモビリティの向上が考案される時代は、もう到来している。

3.3 テレ・サイエンス

テレ・サイエンスという根源的欲求

　モビリティの向上とノマド・ワークに関して、もう一つ注視しなければならない点がある。それは会社や組織が人を雇用する際、彼らにどのような働き方を提供していくのかという労務の問題である。今後、モビリティを伴うノマド・ワークを選択できないような会社や組織は、デジタルネイティブから選ばれなくなる可能性がある。

　私は大学院時代より今日に至るまでモビリティを研究テーマとしているが、研究においては「テレ・サイエンス」という言葉を用いている。これは、簡潔に言えば、テレフォン、テレビジョン、テレグラフ、テレスコープ、テレコミュニケーションなど、語頭に「テレ」が付くメディアテクノロジーだ。人間が元来持っている「ここにいながらにして、遠いものにたやすく触れたい」という欲求にテクノロジーを用いて応えることが、テレ・サイエンスであるとも言える。

　「より遠くに、速く移動したい」という欲求は、蒸気機関というテクノロジーによって船や列車を作り出し、モビリティの向上に貢献した。この欲求は現代の民間ロケット開発などにも通底する。同時に、国家プロジェクトや巨大資本でチャレンジするのではなく、堀江貴文氏のように「秋葉原で買える部品でロケットを作る」といった「チープ革命」にも似た実践も生まれてきている。これまで説明してきた「大衆化」の一歩手前である。

　さて、テレコミュニケーションの時代を代表するツールである電話やインターネットを通して、我々はテレ・サイエンスを身近なものとして享受している。一昔前、梅田望夫氏が「Web 1.0」の時代と述べた頃は、レストランの予約サイトが流行った[14]。予約やシェアは、そもそもコンピュータとインターネットの連携が得意とする行為である。周りを見渡せば、スケジュール調整や予約に端を発するサービスが数多く存在することに気付くのではないだろうか。例えば、先述したUberのドローンタクシーによる移動とITは、非常に親和性が高い。将来的には、東京駅から新幹線に乗り、JR長野駅の東口に駐機しているドローンタクシーを予約して、そこか

ら10分程度で白馬村に到着するといったことが、手元のスマホを駆使した予約システムだけで完結できるようになるかもしれない。

　他方で、モビリティの向上によって、いわゆるストロー現象が発生する。これは、交通の発達が地方の経済活動を促すのではなく、大都市の経済活動をより強力にしてしまうことを言う。「コップ」である地方の経済力が、交通という「ストロー」によって大都市に吸い取られてしまうことのたとえである。なお、ストローは移動途中にある地域の経済活動にも特に貢献しない。

　長野県の場合は、新幹線の開通やオリンピック道路によって首都圏からのモビリティが改善された一方で、都心への日帰り旅行が増加するという「逆流」現象も起こっている。また、白馬村の人口は近年において転入と転出が大体同程度で、2019年現在は8,500人程度[19]であるものの、20〜30代の若者の人口は高齢者の割合に対していまだ低いままである。これは典型的な日本の地方町村の姿で、次世代の担い手が不足している。

見えない資産の重要性

　ここで強調しなくてはならないのは、必ずしも大きな投資を伴わずとも、地方からの人口流出に歯止めをかけることは可能だということだ。IT前提経営の6大要素のうち、「モビリティの向上」、「ノマド・ワークの導入」、「デジタルネイティブの理解」は、認識を変えるだけでできることも多い。モビリティの向上にはテクノロジーの開発や大きな投資が必要だという意見もあるかもしれないが、第4章で述べる通り、自動運転はもうレベル2の後半まで到達しているし、長野駅から白馬村までであれば、最終バスを1本後ろに追加するだけで、状況が大きく変わる可能性がある。

　ビジネスでは多くの場合「バランスシートで売上・利益を作る」わけだが、なにも不動産や車両のような「見える資産」だけが売上・利益を作るのではない。バランスシートに載らない「アイディア」や「考え方」が売上・利益を作ることは往々にしてあり、「見えない資産（intangible assets）」と呼ばれている。IP（intellectual properties、知財）なども見えない資産の典型として扱われ、また、「経営者の人柄」や「お客様からの信頼」など

もこれに含まれる。今のところ、日本ではこれらに担保価値はないが、場合によっては非常に大きな価値を有し、最終的に損益計算書の構築にもつながるのである。知恵を絞って行動することで大きくモビリティが改善され、地域経済に貢献する事例は、山とあるのである。

3.4　ビッグデータと教育

Tableau普及の意味

　ここでは、IT前提経営の6大要素の一つ「デジタルネイティブ理解」について、Tableau（タブロー）の普及を例に考えてみる。TableauはBI（ビジネスインテリジェンス）ツールで、ビッグデータにアクセスし、それを誰にでも理解できるような図・表・絵で瞬間的に表示させることができる。これは、同じく6大要素の一つである「IoT×ビッグデータ×AI」の時代において、ビッグデータと人間のインターフェイスとして非常に重要な機能であり、その利便性から、現在ではビジネスだけでなく教育や研究でも広く使われている。

　なお、Tableauは、2019年にCRMの大手Salesforce（セールスフォース・ドットコム）に157億ドルで買収されている[20]。そのSalesforceは2017年にGoogleと業務提携[21]し、かつ、この原稿を書いている2020年2月現在においては、GoogleのSalesforce買収もささやかれていることを考えると、ビッグデータを取り巻く一大コンツェルンが完成形に近づいているという見方もできよう。

　私が大学生の頃には、Word・Excel・PowerPointの集中講義が夏休み中に開講され、TA（ティーチングアシスタント）から解説を受けて使用方法を身に付けたりしていた。今日では、似たような現象がTableauで起きている。米国では、既に80万人を超える大学生が、基礎科目においてTableauを習得している。学生時代からビッグデータを正しく理解して、誰でも分かるようにプレゼンテーションするという訓練が日常的に行われているのだ。このように教育の場で体得されるテクノロジーも日進月歩で

あり、そこへの無関心は、デジタルネイティブが社会において活躍する時代において致命的な遅れとなる。

　日系のある企業がこの落とし穴にはまってしまった例がある。米国に進出し、優秀な人材を揃えようと現地で新卒採用を行ったのだが、全く軌道に乗らなかった。その原因の一つはITツールにあった。経営管理に用いるITツールがWord・Excel・PowerPointであると述べると、「私たちは大学でTableauを使っていたので、TableauをプラットフォームとするIT基盤がないなら結構です」と辞退されるのだ。同様のことは、日本国内でも起こりつつある。最近では、Slackではなくメールを使用しているというだけで「古い」とレッテルを貼られるのである。

　日本の大学におけるBIツール利用率は驚くほど低いが、上智大学がTableauを導入し、学生に提供しはじめた[22]。また、近畿大学はSlackの全学利用に踏み切った[23]。これらは典型的な「デジタルネイティブ理解」である。

教育機関におけるIT利用の遅れが意味すること

　経営者は、テクノロジーを駆使する主体に対して常に目を光らせていかなければならない。IT前提経営の構成要素である「デジタルネイティブ理解」をしっかり咀嚼して実践しなければ、優秀な人材の獲得はできない。これは一般企業に限った話ではなく、役所や教育機関に対しても広く当てはまることだ。それにもかかわらず、役所と学校が非常にITに弱いという傾向がある。

　例えば、以前に衆院議員の河野太郎氏が「役所のExcelの使い方がなっていない」という主旨のSNS投稿をしたことがあった[24]。データ計算や整理、管理ではなく書類の見た目を優先して入力すると、論理的な構造にならずビッグデータ化することもできないから、分析可能な価値ある資料としての体をなさない。このような大学生や高校生でも分かるようなエラーが中央官庁で平然とまかり通っていたことに警鐘を鳴らしたのだ。一連のツイートは「ようやくこの不可解な状況に意見する政治家が現れた」と「バ

ズッた」[25,26]2。この手のエピソードは枚挙にいとまがない。組織が大きければ大きいほど、または官僚的であればあるほど、ITを誤った理解のもとに使用している傾向があると感じる。したがって、学校もまたそういった状況に陥りがちなのだ。

3.5 ITに抵抗する組織

より良い学校教育のためのインターネット

　まず、教育の現場についてもう少し言及したい。私が授業を行っているいくつかの高等学校では、生徒はWi-Fi、つまりインターネットに接続できないことが多い。なぜ中学や高校では、ともすれば彼らにとって水以上に大事かもしれないインターネット接続に難色を示すのだろうか。中・高生は大学生とは異なり、教育的な配慮や丁寧な運用が重要であることは理解している。しかし、ITを正しく理解し、利用する上でのリスクをしっかり把握した上で、いかに生徒たちに正しく使わせるのかということを議論しなければならない。たとえ授業中は例外にするにしても、彼らの日常はITによって構成されていることを直視する必要がある。

　例えば、ネットのマナー違反やネットいじめは、学校側がインターネットの使用を禁止したとしても必ず生じるものだ。私は、やみくもに禁止するのではなく、アクシデントや失敗の経験をもとに、ネットの正しい使い方や安全な使い方を理解させるのが、正しい教育だと考える。しかしながら、今の中学や高校の現場は、そういった経験的学習によるリスク対策を全く講じることなく、生徒を大学や社会に送り出しているように見える。

　現在、数学、国語、理科、社会などの授業で先生がプリントにしたり、黒板に書いたりすることのほとんどは、ネットで検索すればヒットするであろう。したがって現在では、板書をノートに写し、それを暗記してテストに臨むという行為の価値が極端に落ちていると言える。AIによって置き換

わる職業の一つとして「学校の先生」が挙げられているのも、あながち無
視できない[27]。仮に社会科のテストを「スマホ持ち込み可」にしたなら、
平均点はかなり上がると思われる。

　より良い教育を志向するのであれば、一種の効率化は不可欠な要素であ
る。授業の効率化は、生徒指導に多くの時間を割くことにもつながるだろ
う。シンプルでスマートなITツールを教育に導入する米国と、先例のな
いツールの導入には二の足を踏む日本では、教育環境に大きな差が生じて
いる。

　なお、私が理事を引き受けている一般社団法人ネットリテラシー検定機
構では、ここ数年、公立私立を問わず小中高等学校からの問い合わせが非
常に増えている。相談内容の多くは、現場の教師からの、ネットで起こる
さまざまな問題への対処方法が分からないというものだった。生徒と保護
者そして教職員が三つ巴になってさまざまな問題が起こっている。ここで
は紙幅を割かないが、生徒よりも保護者や教員のインターネットへの適応
不足によって引き起こされている問題がほとんどである。また最近では、
本来社会人向けであるネットリテラシー検定を親子で受験しにくるケース
をよく見かけ、感心する。私はまさに、このように親子で一緒に勉強して
理解する姿勢が正しいと考えている。ただし、小中学生向けの検定試験は
懸案事項が多いため、現時点では導入には至っていない。

アジャイル文化の重要性

　小中学校の保護者会などで講演を行うと、子どもたちのネットリテラシー
の議論において、インターネット利用についての制度が欲しいという意見
を多く聞く。さすがにインターネットを規制してほしいとまで言う保護者
は少ないが、インターネットが持つ一種の猥雑性について、なんとかなら
ないのかと質問される。インターネット史を1950年代後半まで遡ると答
えが分かるが、毎回その話をするのも難しい。そこで、リアルな社会と同
じく、いつ交通事故や詐欺やいじめにあったり、暴力を受けたりするかは
分からないのであり、マナーつまりネットリテラシーの習得と、ネットで
問題が起こる前や後の大人との濃密なコミュニケーションが大切である旨

をお話しする。

　この議論から見えてくるのは、大人が自分たちで議論したり、考えたり、七転八倒することを避けるためにルール作りに励む姿である。これはとても危険なことだ。インターネットがある種の「民主的なテクノロジー」としてここまで急激に発展してきた理由は、その発展の歴史の中でインターネットに関わった世界中の人たちの「七転八倒」があったことである[15]。子どもたちを単にインターネットから遠ざけるのではなく、大人がしっかりと議論した上で、インターネットの中に積極的に入れてあげることが重要だ。

　インターネットがまだ「the Internet」になる前夜、これを国内外に広めようと努力した政治家がいた。クリントン・ゴア政権で副大統領を務めたアルバート・ゴア・ジュニア（アル・ゴア）である。彼はインターネットを国内に広めるためにまず教育予算を獲得し、子どもたちにこの技術を提供した。その結果、全米の学校と図書館がコンピュータネットワークにつながった。「そんな新しいテクノロジーは、知識も金もないから知らない」とは言わせなかったのである。こうして、誰もが図書館でネットサーフィンができ、子どもたちが意識せずにネットを使える環境が整ったのである。

　こうして出来上がったインフラをどのように使うかについて、まさに今、私たちは試されている。日々起こるネットでの数々の問題を「面倒臭い」とただ規制していくのか、または専門家に任せて「我関せず」とするのか、あるいは自らが七転八倒する覚悟でこれに挑んでいくのかである。学校でも大企業でも、重要なのは「アジャイル」の魂だ。アジャイルとは、「俊敏な」「すばやい」を意味し、ビジネスやソフトウェアの開発現場においては、仕様や設計に対して、途中での変更や共同作業による意見交換や検証などを即時的に反映する手法のことをいう。これをなくしてイノベーションやITを使った経営改善は実現できない。

　東京都武蔵野市に、「武蔵野プレイス」という図書館、生涯学習センター、市民活動センター、青少年センターなどの機能を有する公共施設がある。この地下2階にある「ティーンズスタジオ」を平日の夕方に訪れると、小学生から高校生くらいの「ティーンズ」で埋め尽くされていた。皆、試験勉強や宿題をしたり、スマホをネットにつないでゲームをしたりと、思い思

いに過ごしており、ものすごい熱気を感じた。今までの「お喋り禁止」の図書館とは全く雰囲気が違う。飲食も可能だ。これを見たとき、前述したゴアの試みや、インターネット発祥の地である西海岸、インターネットが持つ猥雑性などが頭に浮かび、それらをアジャイルの哲学として改めて実感した。

オンサイト教育という神話

　第1章でMOOCについて述べたが、これは国境や経済格差を越えて高等教育を獲得できるという点で画期的である。このような場所を選ばない教育環境の創出について、私たちはもっと考えていかなければならない。東京の一極集中化は、教育についてもいまだに根強く残っている。地方では「地元に大学がない」「地元に良い高校がない」という話をよく聞く。しかし、仮に東京に素晴らしい学校が集中しているとしても、そういった学校は、授業をインターネットで公開して、ネットからの受講でも卒業資格が得られるようにすることを、なぜ検討しないのだろうか。

　KADOKAWA・DWANGO（現・カドカワ（株））はネットと通信制高校の制度を活用した「N高等学校」を設立し、この「子ども不足」の時代に、たった数年で1万人以上の生徒を集めた。この衝撃は計り知れず、中高教師の間では「N高問題」とすら言われている。大学も同様だ。特に社会人を含む大学院では、忙しい大人に寄り添う必要がある。BBT大学（ビジネス・ブレークスルー大学）などは、まさにそういった知の場を提供している。MOOCのようなオンライン学習の環境は、オンサイトという大きな壁を壊したという意味で、非常に意味のある試みなのだ。

遠隔講義のメリット

　ここ数年、大学の遠隔講義にも取り組んでいる。参加方法には、「学生がどこからでも参加可能」、「教員がどこからでも参加可能」、「学生・教員ともどこからでも参加可能」の3つの方法がある。第1章の写真1.1・1.2は私が白馬村の自宅から講義を行っている風景である。この場合は学生が教室に集まっているが、特に問題は起こらず、その場に教員がいるという圧

迫感がないこともあり、むしろ質問がたくさん出る傾向にある。また、社会人大学院では「学生・教員ともどこからでも参加可能」のスタイルで、ゼミや講義を実施している。働きながら大学院に通うのは困難である。その場にいなければ参加したと認めないというのは、この時代にはそぐわない。例えば出張で講義に参加できない学生がいるときには、Skypeなどで講義をブロードキャストする。そうすると出張先のホテルからでも講義に参加できる。修士論文の指導などは、時間を問わずテレカンを引き受けている。忙しいのはお互い様なので、ネットでの議論は大歓迎である。

写真3.1　遠隔ゲストスピーカー①　ゲストがSkypeで遠隔から登壇し筆者と議論している（大学院講義風景）

写真3.2　遠隔ゲストスピーカー②　社会人大学院生から質問を受けるゲスト

　このように、「オンサイト」の価値や地位を相対的に落とすことで可能になることも多い。写真3.1、3.2は、関西の大学に勤務する先生にゲストスピーカーとしてSkypeで講義に参加してもらい、ゲストスピーチや議論をお願いしたときのものだ。関西から東京への移動を伴う依頼は、前後の仕事との兼ね合いから引き受けてもらえないことも多い。また、そのための交通費を大学から捻出するのもなかなか難しい。しかし「研究室からでもご自宅からでも構いませんので、僕の講義でゲストスピーチをお願いします」と申し出れば、喜んで引き受けてもらえる。資料を画面共有しながら、ときにはモニターに顔を出しながら、私との議論はもちろん、学生との質疑応答なども、ゲストスピーカーがその場にいるのとなんら変わりなく進めることができる。ただ、その場に来ないゲストに対し謝礼を払うという先例がなかったため、支払い可否の判断が教授会マターになってしまった。しかし反対意見が出るわけもなく、良き先例とすることができた。

　このように、オンサイトであることの価値を下げることにより、素晴らしい機会が生じるのである。パソコンや手持ちのiPadをネットとプロジェクターにつないだだけで実現でき、特に難しいことはない。もちろんSkypeは無料だ。

ウィスラーブラッコムの提案

　ここでは、ビジネスの場においてもオンサイトの価値を下げることによりメリットが生まれることについて述べる。観光産業の顧客のペルソナを考えるとき、人々の余暇の取り方を分析するのはとても重要だ。余暇の性質はこれからかなり変わってくる可能性がある。前項で社会人大学院生が出張先から講義にネットで参加すると述べたが、これは「出張しながら講義に参加する」といういわゆる「ながら」の実践である。これが社会化すると、出張のみならず家族旅行中に講義に参加することも可能になる。

　図3.1、3.2 は、2000年代初頭にカナダのスキーリゾートであるウィスラーブラッコム（Whistler Blackcomb）が発表したイメージをイラスト化したものだ。「素晴らしいウィスラーの山を、仕事をしながら楽しんでください」「授業だって素晴らしい森の中でいかがですか」という提案である。

図3.1　ウィスラーブラッコムが2000年初頭に提案したイメージを模して書き起こしたイラスト①

**図3.2　ウィスラーブラッコムが2000年初頭に提案したイメージを模して書き起こした
　　　　イラスト②**

　今から20年弱前のことだが、私は20代のときにこれを目にし、パソコンを持ってウィスラーに長く篭る生活を始めた。何も問題はない。北米や欧州のスキーリゾートへ行くと、家族旅行に来たお父さんたちが早朝のラウンジやカフェで会社とテレカンを行っている姿を多く見かける。そして7時を過ぎると家族が降りてきて朝食をとり、スキーに出て、14時過ぎにホテルに戻る。その後、家族はスパに行き、父親は仕事をする。これならば長く滞在することが可能だ。

　白馬村にやって来るオーストラリア人旅行客の平均滞在日数は10日程度である。しかし、日本人が「来白」するのは週末だけだ。写真3.3は白馬八方尾根スキー場のうさぎ平テラス（標高1400メートルの中腹）カフェで仕事をしているところだが、隣にはAirPodsを耳に入れてビジネスの会議をしている外国人旅行客が大勢いる。写真3.4は、白馬駅前のTHE NORTH FACEの路面店である「THE NORTH FACE GRAVITY HAKUBA」の2階カフェで、秋の北アルプスをバックに仕事をしているところである。

写真3.3　うさぎ平テラスでの仕事風景

写真3.4　「THE NORTH FACE GRAVITY HAKUBA」の2階カ
フェでの仕事風景

　IT前提経営における「モビリティの向上」と「ノマド・ワークの導入」は
表裏一体であるが、どちらかだけではなく、両方に取り組むことが重要であ

る。これまでに述べてきた通り、特殊な設備などは必要なく、無料やそれに近いITで誰にでもすぐに実現できる。したがって、変えるべきはプラットフォームたる会社のルールや社会の慣習の方である。レガシー文化がほんの少し「IT前提」に寄り添いさえしてくれれば、うまく行くのである。

3.6　苦手意識：英語とITの類似点

YouTuberのサクセスストーリーと英語

　ITと教育を考える上では、言語の問題も無視できない。英語を使える人が有利な状況はいまだに変わっていないが、現在では話者数が最多の言語は中国語であると言われている。英語はスペイン語に続く第3位で、実のところ、もはやそれほど主導権を持っているとは言えない[28]。だからこそ、英語が公用語としていつまで効力を発揮できるのかということを、しっかりと把握する必要がある。これからの人口動向を鑑みると、世界標準の言語の射程にはスペイン語、ヒンディー語、ロシア語なども入ってくることが推測できる。少子高齢化社会に突入し人口減少傾向にある日本語は、プレゼンスがなくなる日も近いだろう。

　現在では、英語さえうまく話せれば、非常に貧しい開発途上国の人でもグローバルな主体となることが可能だ。例えば音楽などのパフォーマンスでYouTuberになり、ヒットすればGoogleから小切手をもらえるわけだ。さらに、それがトリガーとなり評価を受けて、メジャーレーベルからオファーが舞い込む、といったサクセスストーリーは枚挙にいとまがない。アフリカンミュージックのジャンルにおいてはデフォルトのサクセスストーリーだ。

　日本国内ではいまだに英語に対する苦手意識が根強い。しかし小学校からの英語学習が始まったように、言語を習得する環境は確実に変化している。新しい世代は、言語をより身近な「道具」として使えるようになる。ITも全く同様で、「ダメ」「苦手」「嫌い」などと拒否している人は、すぐに世の中から取り残されてしまう。

　逆に、ITで「外の世界」に出て行くためには英語が不可欠だ。実際にプ

ロのYouTuberの多くは「英語でやれれば、今の5倍は稼げる」と言っている。このように目的が明確になれば、いわゆる「学校教育」だけでは苦労する英語の習得は意外と早いかもしれない。ITと言語は、グローバル化・IT化した社会にとって、必要不可欠な両輪である。それならば、学校の先生がインターネットに制限をかけることは、果たして理にかなっているのか。もう一度しっかりと考え直さなくてはならない。

テクノロジーの社会化

　人のテクノロジーへのアダプタビリティは驚くほど早く、かつ、予想が難しい。例えば私はかつてガラケーとスマホの2台持ちをやっていた。なぜなら、スマホの登場以前はいわゆる電子手帳（PalmOS搭載のPDA）を使っており、そこで簡単な事務作業を行いつつ、ガラケーで音声通話を行っていたからだ。その2つが統合されたのがスマホだが、スマホで音声通話をすることにはかなり抵抗があった。スマホを耳に当てて話しながら、同じスマホでメモ書きをしたりスケジュールを確認したりできないからである。しかし、もはや音声通話そのものが世の中から消え去りつつある。ガラケー時代にあれほどかかってきていた（あるいはかけていた）電話は、今では1日に1件あれば多い方だ。

　また、これほど多くの人たちが耳にAirPodsを入れる時代が来るとは思っていなかった。ガラケー時代のイヤホンはあくまでも音楽を聴くためのものであって、電話をかけるためのものではなかった。しかし、いまやAirPodsなどによってどこにスマホが置いてあっても音を聞き、喋ることができる。Siriを起動させてどこかに置いてあるスマホをコントロールすることも可能だ。もちろん、イヤホンで音声通話をしながらスマホをいじるのは当たり前で、テレカンのときなどはSkypeで会議をしながら画面共有される資料をスマホで見ることができる。

　このエピソード一つとっても、これほど短い間に人がテクノロジーに適応し、かつ、その使い方を急激に変化させ、それまでの常識を変えていくことが分かるだろう。デジタルネイティブではない私でさえ、自分でも予想できないアダプタビリティを発揮するのだ。これが「テクノロジーの社

会化」なのである。

コラム：アメリカ先住民社会におけるIT前提経営

テクノロジーが生んだ社会運動の変革

　2016年の秋に、アメリカ合衆国の中西部にあるノースダコタ州で先住民による大規模な抗議運動が起こった。アメリカ合衆国が建設を進めている「ダコタ・アクセス・パイプライン」への反対運動であった。この石油パイプラインの計画は、ノースダコタ州にあるスタンディングロック・スー先住民保留地近郊のキャノンボールから開始され、隣接するサウスダコタ州とアイオワ州を経由してイリノイ州へと輸送するものとなっている。そこで問題視されたのは、近隣の人々にとって生活に不可欠な水資源となるミズーリ川とその支流をまたぐパイプラインの水質汚染に関する懸念であった。事実、石油パイプラインの欠陥によるリークの事故が頻繁に起こっていたことも原因として大きい。

　この抗議運動は遠く離れた日本でも全国紙で報道されるほどのものとなった。前オバマ政権下では、環境への配慮と安全性の見直しという点から工事は中断されたが、環境問題に対して独自の視点を持つトランプ政権は開発工事の再開へと舵を切っている。政府による開発の犠牲となり、さまざまな諸権利から社会運動を展開してきた現代のアメリカ先住民の活動にとって、主流社会による環境保護のアイコンという眼差しから「Ecological Indian」という文脈は、既にして目新しいものではないと言える。しかしながら、今回の一連の行動には、若者を中心とした新たな「草の根運動」の誕生が見られた。石油パイプラインの開発反対という運動は既に数年前より展開していたが、このたび数千人という抗議参加者がノースダコタ州に集まった背景には、ソーシャルメディアによる情報配信が少なからず影響していたという意見が多く見受けられた。

　「#NoDAPL」のハッシュタグや「ReZpect Our Water」（REZは先住民保留地を示す言葉で、1970年代には既に定着しつつあった）というス

ローガンが、Twitter や Facebook 等の SNS の情報拡散によって、アメリカ先住民の運動に対する全米の関心を集めるきっかけとなった。アメリカ合衆国においてエスニックマイノリティに位置づけられている先住民社会の生活に関する深刻な問題が、いまやスマートフォンという小型のデバイスを介して、全米、全世界へと配信される時代となったのである。

アメリカ先住民社会とモバイル

　携帯電話（スマートフォン含む）は、アメリカ合衆国全土の一般家庭への普及率と同様に、先住民社会でも広く浸透している。先住民コミュニティを除く、都市部で生活する先住民の人々の携帯所有率に関する調査結果には、9割に届きそうな普及率が示されている。先住民コミュニティに対して詳細な調査が及ばない理由としては、各民族による自治政府機関が置かれていることにも理由は考えられる。他方で、私の体験では、2010年代の時点で、先住民保留地内でも圧倒的多数派とまでは断言できないが、10代後半〜20代の若者の多くがスマートフォンを所有していたと記憶している。サウスダコタ州のローズバッド・スー保留地は、全米でもワースト10に入る貧困地域である。その中で、最も店舗が立ち並ぶ町に携帯電話の販売が開始されたのは、2000年代のことだったという。年齢の離れた友人から「初めて買った携帯電話は京セラだったよ」と聞かされたときは、はるか彼方の日本とアメリカ先住民社会との意外な接点に驚いたのを記憶している。

文化変容としての教育とテクノロジー

　IT と先住民社会の接点は、アメリカ合衆国自体が辿ってきた道筋と類似するものがある。教育における導入がポイントと言え、ここで注目したいのは、1970年代に先住民コミュニティの中で誕生した高等教育機関の「トライバル・カレッジ（Tribal Colleges and Universities, TCUs）」である。トライバル・カレッジは全米に点在する先住民保留地を管轄する先住民の政府機関（tribal government）によって設立された。アメリカ合衆国には、国によって教育が監督される日本社会と異なり、地域ごとで民間の学校設置認可や審査を定める協会が置かれている。トライバル・カレッ

ジでも他の高等教育機関と同様に、そのような基準に沿った大学運営を行う場合が一般的である（そのことが原因となって多くの運営課題に直面している大学も多い）。主流社会の教育制度の評価を意識しつつも、アメリカ先住民社会が必要とする教育を自らの手で達成していくという「複雑さ」を抱えているトライバル・カレッジは、まさに今日の先住民社会の教育のリアリティや展望そのものを示している。

　運営主体や教育理念において大いに異なる部分があるにしても、アメリカ合衆国にある「大学」とトライバル・カレッジの共通点は多い。当然ながら、図書館も設置されている。利用するのは学生だけではなく、コミュニティの人間であれば誰でも触れることのできるPCも置かれている。ローズバッド保留地の事例を挙げると、1977年に完成したシンテ・グレシュカ(Sinte Gleska) 大学の図書館には、2000年代以降にはインターネットにつながったPCが広く利用されるようになった。モバイルはあるがPCは自宅にない、または回線につながっていないという人が利用することもある。また現在、同校では在学生に対するPC操作が必修科目となっているため、在校生は老若男女問わずテクノロジーに触れる機会が増えていると言える。

　トライバル・カレッジは、アメリカ合衆国の教育世界の枠組みから説明しようとすれば、エスニックマイノリティたるアメリカ先住民によって運営される「コミュニティ・カレッジ」と言い換えることもできる。その特徴としてまず取り上げるべきは、西洋的な「知」の文脈とは異なる、「個別」の民族集団による歴史や文化について学ぶことができる科目が置かれているということだ。つまり、先住民の「民族的なアイデンティティ」を高等教育の中で伝えていく役割を、トライバル・カレッジは機能として持っている。

　例えばシンテ・グレシュカ大学では、学校が置かれた土地と密接な関係を持つ民族「ラコタ（Lakota）」の歴史や文化を学ぶ環境が、ラコタ学部(Lakota Studies) として4年制の学部として編成されている（卒業すればラコタ学部の学士号を修得することができる）。創立当初から学部における「先住民の学」を支えてきている最年長のD先生は、常に新しいテクノロジーを念入りに点検し、必要なものは貪欲に取り入れる方針をとっている。彼の授業に至っては2000年代後半から、授業のテキストは全てデジ

タル仕様となっている。PowerPointで制作された数十から数百ページに及ぶ授業資料は、図や写真といった視覚的な情報が豊富に含まれる。D先生曰く、「文字を並べた書籍よりも、ラコタの伝統的なスタイルに近い」から気に入っているとのことだ。「それに、紙よりも断然エコロジーだろ？」と笑顔で話してくれた。しかし、これは単純に笑い流せるような話ではない。大学の授業テキストが書籍の場合、受講生はそれを購入する必要があるが、デジタルのテキストであればデータをシェアするだけで事足りる。先住民保留地という経済的な面で多くの問題を抱える社会の若者に対しての配慮もあるのだろう。先住民社会で教育に携わることは、常にその環境の若者にとって最良の方法を模索することであるという点について、D先生は多くの知見を与えてくれた。総じて、都市部から遠く隔たった、まさに陸の孤島である多くの先住民保留地にとって、テクノロジーがもたらすアドバンテージは大きい。

　ITが先住民社会に与える影響は、新たな「文化変容」のかたちを提出している。歴史を紐解けば、先住民社会における文化変容は望ましいものばかりではないと判断できる。往々にして主流社会との接点や、時には文化的な征服手段として、当該社会に影響を及ぼしてきたものが多い。とりわけ教育は、伝統的な社会のあり方を解体し、思考や価値観を強制的に捻じ曲げるものであった。19世紀以降の同化教育政策によって、定住農民化ないしは白人主流社会における「二流市民」になることを強制させられた先住民の若者たちの中には、親の社会との接点を絶たれたことで不幸な結末を迎えた例も見受けられる。

　それでも今日において、アメリカ先住民の人々は主流社会の教育制度を利用し、自らの社会にとって望ましいかたちに舵を切ろうと試みている。歴史的に見れば、20世紀初期から後半にかけての先住民社会運動を率いた人々の多くは、主流社会の高度な高等教育を修めた人物だった。教育の真の価値を知る人々によって、先住民社会の教育は変化の途上にある。トライバル・カレッジもその代表的な事例の一つとなっている。

　現代のアメリカ先住民社会における文化変容を語る上で、IT普及の影響は無視できない。とりわけ教育においては、これまで取り上げてきたように伝統的な知のあり方を継承するツールとしても用いられている。注目す

べきは、彼らはITに対して主流社会とは異なる視線を送っているかもしれないという点だ。西洋的な教育のモデルに至っても、先住民の人々はそれを伝統的な知のあり方と結び付けて、新たな教育を創り出している。先住民の人々が持つ伝統的な「共存社会」の価値観と、「生活知」に基づく発想力が、主流社会のテクノロジーと結び付いて全く新しい社会モデルを提供する日がくるかもしれない。同じく、明治以降より近代化の影響を大いに受けてきた日本社会においても、アメリカ先住民社会の側から提示される「より良い社会」のための技術の利用や柔軟な発想に注視してみる必要がある。

コラム執筆：根元慎太郎（ねもと　しんたろう）

アメリカ先住民研究者。立教大学大学院社会学研究科社会学専攻博士課程前期課程修了。阿部珠理 編著『アメリカ先住民を知るための62章』（明石書店、2016）の2章分などの分担執筆を担当他。

第**4**章

自動車とIT前提経営

4.1　同時多発的社会受容

なぜテクノロジーの導入は同時多発的に起こるのか

　本章では、IT前提経営と自動車に関して、現実的に起きている業界の変化をいくつかの視点から論じていく。ITと自動車の融合について順を追って解説を織り交ぜなら整理し、最終的には自動運転についても言及したい。しかし自動車の話をする前に、もう少し身近な例を用いて技術の「同時多発的社会受容」について説明したいと思う。

　2019年の初夏に大手コンビニチェーンのセブン-イレブンがスマートフォン決済サービス「7pay」を開始し、その直後に撤退が宣言されたニュースは、読者にとっても記憶に新しいことだと思われる。それでいて今日では、「PayPay」「LINE Pay」「Apple Pay」といった「〇〇Pay」の名を冠した電子決済サービスが数多存在している。これらは同時多発的に登場し、メディアでは連日のように各社が導入した電子決済サービスの評価や使い方、キャンペーン情報などを報道している。サービスを導入した各社は当初は赤字覚悟であり、とりわけPayPayは数百億円という投資を行い、日本では見たことがない規模でのユーザーの囲い込み戦略に出た。ここで、IT前提経営の視点から、このような突如乱立するテクノロジーについて考えてみたい。

　似通ったシステムが同時多発的に登場することは、決して偶然ではない。なぜなら、開発会社が新しいテクノロジーを事業者に売り込むことから生じているからだ。事業者とは「〇〇Pay」の「〇〇」に該当する部分だ。7payならセブン-イレブンであり、「FamiPay」ならファミリーマートといった具合だ。異なる名称のサービスはそれぞれが独立した技術だと考えてしまいがちだが、大元の技術は同じものを使用している。デジタル決済周辺において、非接触系の技術で有名なものはSuicaに代表されるRFIDだ。その他「QRコード」決済もデジタル決済にあたる。

　例えば、コンビニのPOSレジ（Point Of Sale）はNECやTEC（旧・東芝TEC）、あるいはNCR等が大手である。基本的には、大手の開発会社が標準化された技術を導入し、それらをさまざまな事業者に売り込む。新し

い技術としてスマホでの支払いに対応した統合的なシステムを開発したとなれば、それを一社だけに売るようなことはせず、競合他社あるいはコンビニ以外の小売業界にも営業する。こうして莫大な開発コストを回収していくのである。

つまり、ビジネスの主導者であるはずの事業者が、その技術自体を握っているわけではない。開発会社のアプローチに事業者側が良い印象を示せば、他社にも導入を打診する流れができる。こうして業界標準が決まる。これを標準化と言い、その類型にはデュール標準、デファクト標準、オープン標準などがあるが、ここでは割愛する。

このように同時多発的に同様のサービスがさまざまな事業者から一斉に出現するという現象は、POSレジだけではなく、さまざまな業種業界で起こる。最近ではタクシーの電子決済システム（端末）なども同様だ。その上で、導入する各事業会社ごとに、わずかにカスタマイズが加えられる。例えば、あるコンビニの場合は系列銀行のATMで交通系ICに残高がチャージできるなどだ。しかしそういったスパイス以外は根本的に同じ技術である。

自動車業界におけるサプライチェーン

基幹技術は、それを提供する開発会社と事業者とのやりとりを介して社会に導入されていく。私はこれを「技術の社会受容」と呼んでいる。言い換えれば、目新しい技術が社会に溶け込み、共通認識となり「標準」になること、つまりは社会化（socialize）である。これは、日常生活に不可欠なインフラの近くや、経営論で言うところのサプライチェーンの中で、同時多発的に起こる。

例えば、自動車産業においても技術の社会受容が頻繁に発生している。自動車に興味がある、あるいは運転が好きな人にはピンとくると思われるが、トランスミッションがまさにそれである。一般的には、トランスミッションの段数はギアの枚数によって決まる。細かく多段階化される理由は、変速するときのショック軽減をはじめさまざまだが、昨今では厳しいCO_2の削減目標に対する燃費への貢献が一番の理由に挙げられる。開発技術の発展とともに「段」の数は増してきており、かつては4段オートマチックト

ランスミッションが主流であったが、最近では9段ないしは10段のものまで登場している。

　実際のところ、2019年現在の主流は、ヨーロッパ勢では7段前後である。その実用化の段階で、技術の社会受容に関する興味深い事例があった。自動車業界のドイツプレミアム御三家と言われるAudi、メルセデスベンツ、BMWに、フォルクスワーゲンを加えた4社の大手が、同じモーターショーで同時に7段化の発表を行った。さらに、少々の前後はあるものの、ある自動車会社が9段を発表すれば、その直後に同じような発表が続く。各自動車会社の開発部門が個別に開発していたものが、偶然同時に実装されてしまったというわけではない。これこそがサプライチェーンと同時多発的社会受容の関係である。

　いかに業界トップのマニュファクチュアラーであっても、膨大な部品から成るトランスミッションというパッケージは、多様なサプライヤーから購入している。これは、例えばブレーキでも同じである。それらをマニュファクチュアラー各社が組み立てて販売しているわけだ。業界や方法は異なるが、先述の「○○Pay」と変わらない。サプライヤーというベンダーが、事業を行う会社にその技術を「同時に」提供するのである。

　サプライヤーがひとたび新しい技術を開発したとなれば、その技術をAudi、BMW、メルセデスベンツといった大手プレミアム御三家を筆頭とする広範囲に売り込む。その後、各社のブランドにあった味付けや広報がなされ、結果として同じタイミングで新しい技術が発表される。そして、その技術は消費されながら、社会受容されていくのである。もちろん、これらのサプライヤーとマニュファクチュアラーは蜜月関係にあるし、資本関係があったり、共同研究をしていたりするので、必ずしもきれいに分離することはできないが、基本的にはこのような仕組みが成り立っている。

　最近では、今まで12Vだった車のバッテリーが48V化し、エンジンに加えてモーターを動力として使用するパワートレインを「マイルドハイブリッド」などと呼び、いくつかのマニュファクチュアラーが採用を始めた。各社で味付けやカタログ上の表現は異なるが、基幹技術もサプライヤーも同じで、大体同じタイミングのモーターショーなどで発表される。やはり同時多発的なのだ。したがって、他社との差別化が重要になるため、Audi

なら「新技術搭載」、BMWなら「運転する楽しさ」、メルセデスベンツな
ら「ゆったり乗る高級感」といった各社のコンセプトに沿って広報されて
いく。

　イノベーションという言葉は「技術革新」と訳されるが、これは単に新し
い技術が発明されることだけを意味するのではない。それならば、発明＝
インベンション（invention）で十分である。それらの発明がsocialize＝
社会受容されることまでを含めてイノベーションと捉えると分かりやすい。
その社会受容の仕掛人は、事業会社ではなくサプライチェーンに組み込ま
れているシステム／技術ベンダーであると言える。両社の関係は簡単に切
り離すことはできないが、知財という視点に立てば、そのほとんどが技術
ベンダーに属しており、また、ベンダーの提案が事業会社の経営スピード
に大きく影響する。ベンダーが開発した技術が、メディアとしての事業会
社を通じて社会に広げられていくのである。

「チープ革命」がもたらしたもの

　ここまでで述べてきた同時多発的な社会受容は、いかなる社会において
も望ましいかたちで実現されてきたわけではない。とりわけ経営論で言う
サプライチェーンは、ときに社会受容の弊害となる場合がある。

　ここでは「垂直統合サプライチェーン」について論じていきたい。垂直統
合サプライチェーンとは、自社製品の生産に際し、必要な工程を全て自社
グループで組織することで材料などの安定供給を行うビジネスモデルであ
る。トヨタであれば、アイシン精機やデンソーなどのサプライヤーを自身
のグループとして抱え、そこから新しい技術を自社の商品に導入していく。

　Apple Car Playは、スマートフォンの代表であるiPhoneと自動車を
連動させるシステムだ。トヨタならびにLexusはその導入に大幅な遅れ
をとった。その理由は、グループの一角を成すサプライヤーを、サプライ
チェーンの外の会社よりも優先させる構造であった可能性がある。サプラ
イチェーンの外にある要素が、自分たちの事業に不可欠な機能になること
が想定できていなかったのだ。

　もちろん、垂直統合サプライチェーンがなければ、現在の日本はなかっ

た。自動車に関して言えば、こうした立派なサプライチェーンがあったからこそ「安全」が守られてきたと言える。しかし、IT前提経営においては、組織的な連帯による効率化は、以前ほど重要な要素ではなくなるかもしれない。なぜなら、技術の中心がハードウェア（メカ）からソフトウェアに移ってきたからである。

　インターネットの登場は、「チープ革命」に寄与した。これにより、技術が大きな資本や権力に独占されるのではなく、非常に安価で世界中の誰でも入手可能となった。そのチープ革命のための考え方として重要となるのがオープンソースである。要するに、大衆による技術の民主化が起こったのだ[29,30]。現在のところ、ソフトウェアの世界には大手のサプライヤーや大資本で先端技術を独占する組織がない。例えばGAFAなどは巨大な企業だが、私たち一市民ですら、ほぼ無料で、彼らのリソースにどこからでもアクセスできる。一方、大手自動車マニュファクチュアラーのサプライヤーに「貴社が開発したオートマチックトランスミッションを月々5,000円で自由に使って商売させてくれ」というのは難しいだろう。また、ソフトウェアなので、基礎的なプログラミングの素養があれば、誰でもAPI（Application Program Interface）を介して大きなシステムにつながり、そのリソースを使ってテクノロジーとビジネスの大きな生態系が作られる。まさに業界も組織も環境も選ばない技術の民主化である[31]。

　そこで頭角を現しているのがいわゆるベンチャー企業だ。発想力を持つフットワークの軽い人々が勝ちはじめている。例えば、LINE（株）が「LINE Pay」を開始し、多くの人が利用している。一昔前であれば、このような決済に関わるビジネス展開は、大手の独占的な会社にしかできなかった。ソフトウェアの時代だからこそ実現できたのであり、消費者ニーズを把握したUI（ユーザー・インターフェイス）やUX（ユーザー・エクスペリエンス）の実装が事業の成功を左右している。また、デジタルネイティブのニーズを把握して、それをソフトウェアで実現できるノウハウを備えていることも、成功の必須条件となっている。なお、LINEは毎年、デジタルネイティブのIT行動を分析・公開している。

　以上から、技術の民主化によってITベンチャーが覇権を握るまでに至ったことが理解できる。グローバルな規模でも同様の現象が起こっているの

は周知の通りである。FacebookやTwitter、GoogleやMicrosoft、どれをとっても、最初は学生寮か裏庭のガレージからスタートしている。大資本や権力とは全く無縁で、アイディアと知力と度胸があっただけなのである。

　繰り返しになるが、多くの基幹技術が同時多発的に発生する理由は、大手のサプライヤーが、複数の大手事業会社や自動車業界で言うところのマニュファクチュアラーに対して、同時に新技術を提案するからだ。これに対して、IT前提の現代では、生まれたばかりのベンチャー企業や個人も、社会受容されるプラットフォームを提案できるようになった。つまり、何の前触れもなく突然「トヨタ」が登場するイメージだ。ベンチャーブームは一定の周期で到来するという言説があるが、昨今のものはそれとは異なり、オープンソースの哲学の浸透やチープ革命の結果、素晴らしい知の蓄積たるテクノロジーが大衆化したことによる事象と考えるべきである。通販サイトを運営するAmazonがまさにそうだ。サプライチェーンという枠がなく、ソフトウェアとインターネットという土壌が整った社会では、ベンチャー企業がプラットフォームになれる。つまり、レガシー側からすれば彼らは破壊者なのである。この事実を今すぐに受け入れなくてはならない。

4.2　ITと自動車の接点

カーナビのアプリ化とガラパゴス日本

　4.1節で取り上げたApple CarPlayは、Apple社のiOSを用いたカーナビと説明することもできる。iPhoneをつなげば車の中でiPhoneの中で使っているアプリがシームレスに車側のApple CarPlayでも使える。これはApple社だけの専売特許ではなくて、GoogleもAndroid Autoという同様のシステムを持っている。問題は、国内の自動車メーカーがこれらのシステムの導入に大いに遅れを見せていたことである。

　Apple CarPlayは、欧州の大手メーカーが2016年には導入していたにもかかわらず、トヨタの導入は2019年で[32,33]、そこには3年の差がある。スマホとの連動サービスの口火を切ったのはフェラーリであり、続いてド

イツ御三家の BMW、Audi、メルセデスベンツが Apple CarPlay に対応した。トヨタを含む日本を代表するカーマニュファクチュアラーが遅れをとった理由は、簡潔に言えば、顧客の IT へのアダプタビリティを見誤ったことである。つまり、IT 前提経営ができていなかったのだ。

　トヨタのレクサスの顧客は、中小企業経営者やいわゆる富裕層などが高い割合を占めており、50 代以上の年齢層がメインのターゲットである。トヨタは、このような世代の顧客は車とスマホとの連動など求めておらず、従来のカーナビシステムで十分だと踏んでいたのかもしれない。そこでレクサスには、「G-BOOK」や「G-Link」というトヨタ独自のサービスが搭載されていた[34,35]。「T-Connect」もその類のサービスである。運転中にカーナビのボタンを押すと、レクサスのコールセンターのコンシェルジュが対応してくれるのだ。例えば「○○のレストランに行きたい」と頼めば、即座に予約をとって、カーナビにその情報をインプットしてくれるという具合だ。いわば私設秘書である。

　このように、音声を介してコンシェルジュが何から何まで世話をしてくれるというのが「トヨタ的な発想」であった。確かに 50 代以上のビジネスエリートたちが喜びそうなサービスである。しかし彼らの「情報消費行動」の分析においては、トヨタはかなり的を外してしまったことは否めない。自動車と同様に日常に不可欠なアイテムとなっていたスマホの存在を軽視していたためである。実際に、「iPhone がつながらないなら、メルセデスにするよ」という顧客がかなりの割合でいたことが、ディーラーセールスへの匿名インタビューで反映した。

顧客のペルソナ分析

　トヨタが非常に良質な商品を製造しており、世界的な信頼を獲得しているのは言うまでもない。レクサスは自動車というハードとしては完璧に作り込まれている。しかし、付属的な要素と軽視していたスマホとの連係機能が、購買を左右する決定的な要素となったのだ。IT 前提経営には、いまや「デジタルネイティブ理解」のみならず、スマートフォンを利用するシルバー世代の理解も必要である。しかし、その事実を素直に受け入れて柔

軟に対応できなかった。日常生活に入り込んでいるITの威力を軽視した結果とも言えよう。

　ここで見落としてはならない点は、デジタルネイティブだけではなく、彼らとつながる上の世代が存在することを無視して、現代社会を俯瞰することはできないということだ。日常的なモビリティであり、産業として重要な位置を占めている自動車であるが、ITとのつながりはもはや必然なのだと理解できたと思う。国内の自動車会社はそこへの対応が非常に遅れてしまったのだ。

立体駐車場のパレット幅問題

　学生から「あの会社はIT前提経営ができていますか」とか「これはIT前提経営が足りないのではないでしょうか」と質問されることがある。組織や社会へのテクノロジー導入の議論と検証は、歴史上長く行われてきた。例えば標準化の議論もそうである。よく使われる事例として電車の線路の幅がそれだ。日本は土地が狭いから狭い線路幅（専門的にはこれを狭軌と言う）を使おうとしたときに、将来時速200km以上のスピードで疾走する夢の電車がまさか出てくるとは考えなかったかもしれない。新幹線の線路幅は国際標準の標準軌だ。これは日本の在来線で使われている狭軌よりも随分と広い。乗員を増やす効果もあるが、高速移動では圧倒的に安定性が出る。標準軌を選択しなかった人たちがテクノロジーの発展を前提とした経営ができていなかったということを今なら言うことができるかもしれない。しかしそれは傲慢である。そういった事象に照らして、できるだけ同じことが起こらないようにどうしようか、ということを考えるためのベースがIT前提経営でもある。

　この手のエピソードは現代でも枚挙にいとまがない。電気自動車の充電プラットフォームの標準化も同様だ。もちろん事実上の標準（デファクト標準）の議論はあるので一概には言えないが、いわゆる「ガラパゴス化」が起こりやすい日本のテクノロジー導入の意思決定において、欧米の有名マニュファクチュアラーのEVを日本で運用するのはなかなか難しい。充電の規格が異なるからである。また、都市部のマンション暮らしの場合は自

宅で充電することができず、立体駐車場のパレットに駐車されている車を充電する方法も、現在のところ提案されていない。

　標準化についてのさらに分かりやすい話題として、車の全幅の問題も挙げられる。現在日本の多くの立体駐車場が全幅1,850mm幅のパレットを使っている。一方、車はどんどん大きくなってきている。もちろんデザインや乗車時の快適さの追求のためでもあるが、それ以上に、欧州の衝突安全基準のクリアや、燃費向上に比例するCD値[1]の改善のための「巨大化」だと言える。それにもかかわらず、都心の高所得層向けのマンションや商業施設ではいまだに1,850mmのパレットが使われているので、高級車を停められない駐車場難民が続出している。実際、都心に新しく建築された高層マンションで、その購買層の多くが「乗っている車が駐車場に収まらない」という理由で購入を断念しているケースが見受けられた。数百億円規模のプロジェクトのマーケティングにおいてこういったミスマッチを防止できなかったことには驚くが、他の都心のマンションでも同じことが起こっている。

　将来におけるテクノロジーの発展をある程度予測するためには、一定以上の専門知識や好奇心が必要となる。IT前提経営ではそれをITに絞って考えているが、実はITに限ったことではなく、人が技術を使いはじめた瞬間から必要とされている思考形態なのである。

4.3　車が電動化する意味

世界は急速にEV化する

　ITと自動車を語る上では、電動化の話題を避けることはできない。自動車業界における「CASE[2]」と呼ばれる現象においても、電動化は大きな役

1.CD（Constant Drag）値とは空気抵抗係数のことである。車体からいかに空気がスムーズに流れるのかを示す係数となっている。

2.「Connected（コネクテッド）」、「Autonomous（自動運転）」、「Shared & Services（シェアリング）」、「Electric（電動化）」の頭文字を取った造語である。端的に自動車にITを導入することにとどまらず、自動車業界の変革を促す戦略とされている。

割を担っている。欧州を中心とした非常に厳しいCO$_2$排出量規制を受け、自動車業界の急激なEV化の流れはもはや避けられない。トヨタが、20年前以上前製造したハイブリッドカーであるプリウスを現在に至るまで販売し続けているという偉業にも象徴されるが、今、世界のカーマニュファクチュアラーが一斉にEV化へ舵を切っているのだ。

高級スポーツカーのポルシェですら、ドイツ本国でEV化に対して莫大な投資を行っており、売れ筋のSUVに至っては、もはやエンジンを捨てて完全に電動化すると宣言している。また、ポルシェブランドを傘下に持つフォルクスワーゲンは2028年に生産する70種の車をEV化し、その後全ての車でEV化すると宣言している[36]。これらの現象は商品のラインナップが変わるといった軽微で単純な話ではなく、非常に大きな転換点であり、インターネット革命と同程度の変革が起こると主張する人もいる。モータージャーナリストの島下泰久氏と議論を行った際[37]、これは「官製革命」ではないかという指摘を受け、興味深かった。誰がEV化を望んでいるのだろうかという視点だ。地上波テレビのデジタル化の際に見られた「国民はデジタル化を本当に望んでいたのか」という争点に近い。前述の通りCO$_2$削減が世界的なオーダーであるとしても、EV化が生活者目線のものかどうかは疑わしい。また、完全EVに切り替えると意気揚々の欧州や米国のマニュファクチュアラーよりも、トヨタ・プリウスのハイブリッド（モーターと内燃機関を利用）の方がCO$_2$削減に大きく成功している事実も見逃せない。

自動車におけるテクノロジーの「大衆化」

このようにEV化へ舵を切った自動車業界では、テクノロジーが権力や大資本から開放され、「民主化」したと言えよう。あるいは、民主化したテクノロジーが安く誰にでも使えるように「大衆化」したとも言える。なぜなら、EV化によって、従来必要不可欠であったさまざまな機構を省くことにつながるからである。

まずエンジンという極めて複雑で部品点数が多い内燃機関そのものが不要になる。このことがサプライチェーンを含め、自動車の産業構造にどれほどの影響を与えるだろうか。エンジンを作って自動車メーカーに提供し

ているサプライヤーは、真っ先に仕事がなくなるかもしれない。

　トランスミッションの必要性も徐々に薄れる。前述したように、各種要請によりトランスミッションはいまや10段に迫る複雑な機構を備えている。デフ（差動装置）やクラッチなども同様だ。とうの昔に電動化が終わっている「電車」を見れば分かるように、新幹線が用いているインホイールモーターには、複雑な歯車の機構が必要ない。モーターは、出力をゼロから最大値まで無段階に調整できるからだ。ラジコンと同じである。

　つまり、EV化の時代には、ラジコンカーの仕組みが実際の自動車の製造と重なることになるのだ。極端に言えば、個人が部品を購入し、それをつなぎ合わせて自動車を作ることができてしまう。これが「テクノロジーの大衆化」である。そこに大きな資金を投じて大規模に実現したのがTeslaだ。米国の西海岸において、自動車と全く無関係な業界から颯爽と現れたテックベンチャーが、大企業が持つ既存の複雑なサプライチェーンの外で、自動車を大量に製造しグローバルにデリバリーしたという実績は注目すべきことである。

　自動車の「テクノロジーの大衆化」について、もう一つ紹介しなければならない要素がある。それはメーターの存在だ。完全にデジタル化の傾向にあるので、これまでに精度の高いアナログメーターを作っていた業界というのは、他の部品業界同様に消滅してしまうことになるだろう。完全フル液晶の12インチTFTディスプレーの中に、速度をはじめとする自動車の全情報が映し出される。デジタル時代の住人にとっては当たり前の光景であるが、従来の産業構造を揺るがす変化としても重要である。他方で、先述したようなギアをはじめとする車の中の「もの」もなくなり、今までの「プレイヤー」がITに寄っていくことを、しっかりと理解しなければならない。

4.4　テクノロジーの民主化：覆る社会構造

EVとインターネットの類似点

　自動車の電動化をテーマに、「テクノロジーの民主化」にさらに言及する。従来の自動車製造には複雑かつ高度なノウハウが必要であったことに加え、莫大な費用を要するため、名門自動車会社が自社のグループをもって独占する事業であった。これは、ビフォア・インターネット（前インターネット時代）における一般人の情報獲得と同じ状況であったと言えよう。ビフォア・インターネットでは、国家権力や大資本、ないしは専門技術者だけが情報を獲得する手法を独占していたため、情報、言い換えるとテクノロジーの民主化が起こらなかった。

　しかしインターネットの普及で事態は一変した。独占されていたテクノロジーは一気に万人のものとなり、その結果「集合知」が形成され、急激に発展した。そしてITを生業にするベンチャー企業や一人親方のソフトウェア会社などが至るところに登場して、既存の社会原則を根底から覆してしまった。こういった現象を私はこれまでに、テクノロジーの「socialized（＝社会化)」または「社会受容」と表現してきた。

　このような民衆や非権力者側からの下克上のようなムーヴメントは非常に強力で、既得権益の構造をいともたやすく破壊してしまう。

誰もが自動車を作る時代

　次に、自動車業界における「テクノロジーの大衆化」の例を紹介したい。これまでに論じてきたように、テクノロジーの民主化が進む自動車産業において、トヨタ、メルセデスベンツというような従来のネームバリューはもはや通用しない。テクノロジーの大衆化は、大手自動車メーカー以外による自動車製造を現実のものにした。いまや、巨大な投資がなくても自動車開発が実現可能なのだ。

　大手自動車会社に代表される垂直統合サプライチェーンが、多くの利得をもたらす画期的な方針であったことは事実である。無論、コストコントロールにも貢献したので、車が私たち一般のユーザーも手の届く「道具」

になった。しかし前述した通り、自社グループ内で全てをまかなおうとする方針は、IT前提経営においては足枷として重くのしかかってくる。

　EV化によって自動車開発が「民主化」し、既存のカーマニュファクチュアラーの独占状態から脱出した例は、既に起こっている。物流の世界企業であるDHLは2050年までのゼロエミッションを宣言している。これを実現するためには、200を超える国や地域で配送を担う9万台以上の車をEV化する必要がある。この計画には、VWをはじめとする既存のカーマニュファクチュアラーからの提案コストでは採算が合わないため、DHL自らがアーヘン工科大学発のEVベンチャーであるストリート・スクーター社を買収し、自社向けEVを開発している。

　また2020年1月に米国で開催されたCES（Consumer Electronics Show）では、SONYが「Sony Vision-Sセダン」というEVを発表した。その動画は瞬く間にネットを駆け巡り、コンセプトモデルとは思えないほどの完成度に多くの人々が感嘆した。

　一方で、前出の島下氏は、私との議論において、安全面のノウハウは、1世紀に及ぶ自動車の歴史の中で、マニュファクチュアラーやそれを中心としたサプライチェーンに受け継がれてきたとの見解を示した。今のところ、自動車は人を殺すことができる。ボルボが3点式シートベルトの知財を公開した話は有名だが、自動車が自由に動き回れる背景には、安全に関する天文学的な量の「知」が存在する。この最も大切な「安全知」が大衆化するまでは、専門家以外のプレイヤーは、公道を走れる自動車をゼロから作れることを手放しで喜べる状態にはない。これが大きな課題である。

自動車のIT化

　自動車のIT化と聞いて、自動運転を思い浮かべる人は多いと思う。近年、頻繁に議論されており、日本でもレベル2（詳細は後述する）の運転支援技術を搭載した自動車が市販されはじめた。まずは、自動運転の実現にあたっての最重要要素であるセンサーについて、IT前提経営の6大要素の「IoT×ビッグデータ×AI」に絡めて話を進めていく。

　自動運転では、ステレオカメラやミリ波レーダーなどのセンサーで、障

害物との空間的な距離を測ったり、さまざまな情報を画像認識したりする。そして、AIまたはそれに準ずるコンピュータが、得られた情報を分析・判断する。状況によっては、AIはビッグデータ側にクラウド経由で問い合わせをしながら自動運転を行う。

　このように、産業構造の担い手が以前とはまるで異なるものになりつつあることが分かる。先述したEV化の傾向も踏まえれば、もはやかつての自動車製造と共通する部分を探す方が難しい。高度でありながら一定のコモディティー化を経て安価になっているセンサー、驚くほど安くなったAI技術、膨大なデータを整理保管できるストレージなどが実現され、自動運転の成熟が待たれる時代になった。

　ホンダは2020年に自動運転レベル3の搭載車を発売すると発表した。完全な自動運転であるレベル4の実現はまだまだ先のことと思うかもしれないが、自動車にまつわる技術が民主化し、それが集合知となり、大衆化することによって、想像を絶する早さで訪れるだろう。私たちの世代はそのスピード感をインターネットで経験している。したがって、自動運転についても、レベル4になったときのことを今からしっかりと考えなくてはならない。必ずしも「CASE」を前提とした世界観に限定されず、学際的に自由に議論されるべき、社会にとって非常に重要なことなのである。

自動運転の社会実装

　本章の最後に自動運転の基準について少し触れておく。自動運転は全部で5段階に分類され、国はレベル4までを目標と設定しているため4段階と表現されることもある（表5.1）。2020年2月現在、日本では全5段階中のレベル2（厳密にはレベル2とレベル3の間）まで実装されている。もちろん法律に基づく問題もある。最終的には完全自動運転のレベル4[3]に至る仕組みとなっている。自動運転の基準は国際機関で定められており、例えば、日本は国連欧州経済委員会（UN-ECE）内の「自動運転分科会」「ブレーキと走行装置専門分科会」などで決定した基準に準じている。

　昨今の自動車事故の発生率と種類を鑑みても、自動運転または運転支援

---

3. 政府は2025年までに部分的な「レベル4」の実施を目標としている [38]。

表5.1　「自動運転」基準（文献[38,39]を参考に作成）

分類	概要	責任
レベル1	加速・操舵・制動のいずれかの操作をシステムが行う状態	ドライバー責任
レベル2	「車線を維持しながら前の車に付いて走る」～「高速道路での自動運転モード機能」	ドライバー責任
レベル3	加速・操舵・制動を全てシステムが行い、システムが要請したときのみドライバーが対応する状態	システム責任
レベル4	システムが全ての動的運転タスクおよび作動継続が困難な場合への応答を限定領域において実行（高度運転自動化）	システム責任
レベル5	システムが全ての動的運転タスクおよび作動継続が困難な場合への応答を無制限に実行（完全運転自動化）	システム責任

技術の開発は今後も進んでいくものと考えられる。自動ブレーキの義務化も近く[40]、運転者として日々車を運転する私も、今後はADAS（先進運転システム）や緊急ブレーキを搭載していない自動車は購入しないと思う。

　本章で論じてきたように、ITの登場によって自動車という巨大産業に大いなる変化が生じていることは確かである。「テクノロジーの民主化」とそれによる「テクノロジーの大衆化」が現実化し、これまでマーケットを独占してきた自動車会社の基盤を揺るがしかねない状況になった。日米欧のカーマニュファクチュアラーも例外ではない。

　そこに警鐘を鳴らすだけではなく、現状を認識し、状況に応じた価値観の導入を促すことが、IT前提経営の役目である。カーマニュファクチュアラーがこの1世紀の間たゆまぬ努力により結集させた英知を残しながら、新しい文化や価値観を取り入れたり、あるいはサプライチェーンの外の住人と積極的に交流したりすることが重要だということを伝えていきたい。

対談：
教育とIT前提経営

　2002年から現在まで17年にわたり、大学や高等学校、場合によっては小中学校の教育に関わってきた中で、多くの先生方のご苦労やお知恵に感銘を受け、一方で、彼らと時代との隔絶に驚くこともあった。

　本章では、現在千代田インターナショナルスクール東京で学園長補佐を務める津吹達也氏と「IT前提経営と教育」という大きなテーマで話をしてみた。津吹氏は私と同じく最初のインターネット世代であり、ビジネスマン経験を経て、大学教育を中心に国内外の教育現場に関わってこられた。ここから先は肩の力を抜いて読んでいただきたい。

日本の教育現場でIT導入が遅れる背景

高柳　小学校から大学まで全般で、IT導入をやりたいなと思っています。僕の場合、高校3年生が一番若い教え子なんですが、大学生や社会人大学院生まで授業をやってみると、いろんなことがあるわけですね。例えば、ゼミで大学2年生の子たちを受け持っているんですが、キーボード入力よりフリック入力の方が1.68倍くらい速いんですよ。そうなると、企業が新卒入社の人にキーボードの付いたパソコンを渡している時点で、オワコンですよね。

　　　ある大手企業の人事部長に、「最近、高柳先生みたいな大学の先生がちゃんと教育しないから、キーボードも打てないような新卒が来て困ってますよ」とか皮肉を言われたんですけど、「部長、それは違う、むしろあなたがダメです。打つスピードが1.68倍も速いわけだから、スマホを渡さなきゃダメですよ。ちゃんと考え方を変えないと、御社といえども選ばれなくなりますよ」とお話ししました。これがIT前提経営なんですよ。

　　　そういう中で、ある国公立の高等学校で講義をやったときにビックリしたことがあります。教室までWi-Fiが来ているのに、生徒につなげさせないんですね。

津吹　セキュリティの問題とか？

高柳　いや、理由はよく分からないんです。だから、帰りに教頭先生や校長先生から話を聞いたのですが、やっぱり理屈がよく分からない。な

んか漠然と怖いんですね。でも僕は、もう高校生だし、学校でネット
につなげさせてもいいんじゃないかって思います。なぜならば、もう、
ネットで調べながら授業受けないとダメでしょ、と思うから。ググら
ないで「知りません」という学生がいたら「まずスマホでググれ」と
言いますよね、普通の大人なら。

津吹　つながないと、リテラシーの教育にならないですよね。SNSの炎上
とかバカッターなんかを全く知らない子に、いきなり大学で解禁する
方が危ない。

高柳　全くその通りで、結局、問題が起きるからやらないというのは、ダ
メでね。問題を起こして、そのときにどうリカバーするか、っていう
のを、生徒を中心にした保護者や教員でやるのが、小学校から高校ま
で。特に小学校と中学校ですかね？　それがいわゆる「教育」じゃな
いですか。で、それを学校側が放棄する、というのが僕は大問題だと
思っています。

インターナショナルスクールに見るアジャイル文化と納品主義

津吹　僕のいるインターナショナルスクールでは、リスクとリターンをちゃ
んと包含するという考え方で、ノンフィルターポリシーでiPadを導入
しました。

高柳　ノンフィルターポリシーですか！　なかなかのご英断ですね。

津吹　はい。でも最初は、おかしなことが起こるし、子どもたちも禁止さ
れているサイトとかを見ちゃうから。後からフィルターを入れましょ
うと、いうような運用にしていて、ようは走りながら――「アジャイ
ル」というんでしょうか？

高柳　はい、まさに「アジャイル」です。

津吹　そのやり方をしている。本質的に、学校にITを導入して、学びの現
場で使い方を身に付けていかなければならない、ということがきちん
とオーソライズされているなと、見ていてすごく思いました。危険だ
からやらないのではなくて、やってみて、危険にどう対応するのかは
後で考えましょうと。最近のネットサービスでの新しい機能やサービ

　　　スの出し方もそうじゃないですか？

高柳　はい、「β版発想」で、走りながらトライアンドエラーをやる。いわ
　　　ゆるアジャイルですよね。企業にIT前提経営のアドバイザリーをする
　　　ときには、まずアジャイル文化を取り入れないとダメですと伝えます。
　　　納品検収が第一、という「大人発想」が、いろんなことを遅らせてし
　　　まう。

津吹　問題が起こると困るから……みたいなことですか？

高柳　そうです。でも、そんなやり方では新しいことは何も動かないです
　　　よね。走りながら、「あ、これは間違えちゃった、捨てよう。こっちは
　　　うまくいったから、これは伸ばそう」とやらないとダメで。僕は専門
　　　としてTCP/IPの社会化というのを20年以上やっているんですけど、
　　　TCP/IPはそういうプロセスで作られてきたわけです。それで伸びた
　　　わけですよね。

　　　　で、そのアジャイルを学校に導入するのが、かなり厳しいなと感じ
　　　ています。なぜなら、日本の場合は特にそうですけど、学校の先生は
　　　教員免許を持った「間違えない人」じゃないですか。

津吹　うん。正解主義ですからね。

高柳　そういう世界の中で、さきほどのお話のようにiPadをとりあえずノ
　　　ンフィルタリングポリシーで導入して、ちょっとずつ間違えながら変
　　　えていこうということが、今の日本の学校ではなかなか許されない。

津吹　インターナショナルスクールの先生は外国人だから、そういうこと
　　　に対して寛容です。でも、オフィススタッフは日本人なので、やっぱ
　　　りノンフィルタリングポリシーのリスクに対してものすごい恐怖感が
　　　あるんです。「大丈夫なんですか？　大丈夫なんですか？」としつこく
　　　確認する。彼らのコンフリクトみたいなものは、側から見ていて興味
　　　深かったです。

　　　　これは、受けてきた教育に起因するんじゃないかと思っています。
　　　そもそもITリテラシーがさほど高くない環境で教育を受けてきて、し
　　　かも先ほども話に出たように正解主義で生きてきた。完璧に仕上がる
　　　まで納品してはダメだという前提のもとで、アジャイルやプロトタイ
　　　ピングはできませんから、結果的に、新しいことに対して二の足を踏

んでしまっているのではないかと思うんですね。

IT前提教育とは「ゲームに負けない授業」

高柳　なるほどね……。例えば、中高生の社会科の授業で先生が板書することは、ほぼWikipediaに書いてありますよね。つまり、極端なことを言うと、ネットの「集合知」によって先生の権威が脅かされているわけですよね？　そういう切り口で何か考えたことはありますか？

津吹　ダウンロード型[1]の話ですね。僕らは板書をノートに写してきた世代ですが、中学時代のある先生がノート持ち込み可の試験をやっていたんです。

高柳　大学生みたいですね。

津吹　そうです。「覚えなくていいの？」と、当時すごく衝撃を受けました。でもノートを持ってきても、そこから考えさせる問題が出題されるんです。例えば、「○○と××の戦いはなぜ起きたのか？」とか、「その戦いの結果、どうなったのか？」とか。板書にはそういうことは書かないので、ノートを持ち込んでも、先生の授業を本当に理解していないと解けない。結局僕はその授業が面白くて、結構のめり込んでいました。今になって思うと、ダウンロード型のはしりだな、と。だからスマホ持ち込み可とか、計算機持ち込み可っていうのは当然だし、そちらの方が考える力を育むと思う。僕はそういう考え方です。

　　　もう一つは、ちょっと文脈が違うかもしれないんですが、サイバーエージェントの全体社員総会で、会議中に社員がスマホでゲームをやっているということが問題になったらしいんですね。すると、藤田さんが「ゲームより面白い会議をやれ」と言ったそうです。

高柳　津吹先生の恩師と全く同じ発想ですね

津吹　僕は、それいいなって思いました。学校も、スマホ禁止にするのではなく、スマホより面白い授業をやったらいいわけです。先生方がそういう心持ちになれるかどうかっていうところが肝ですね。むしろ、

1.たくさんの知識がクラウドにある状態において、必要に応じてそれを参照したりダウンロードしたりすること。オンデマンド型とも言い換えられる。

　　スマホに負けるのが怖いから禁止しちゃうんだろうなって思ったりします。

高柳　先生の資質を問われますね。単に講義ノートを黒板に写しているだけでは、もう成立しないよ、ということですよね。

津吹　でも逆に、「IT前提教育」を考えたときに、Wikipediaでできることの限界も、多分あると思っています。情報をダウンロードした後につなぎ合わせたり考えたり、そこからがむしろ生の人間の腕の見せ所じゃないのかな。

高柳　なるほどね。津吹先生は大学の教員の時期が長かったと思います。私もあっという間に17年目なんですが、ファシリテーションがうまくないと大学の先生はできないなって思っています。

津吹　今どきはそうですよね。

高柳　文科省が「アクティブラーニングをやりなさい」と言うんですが、その先生が持っている知識を単にシェアするのはアクティブラーニングじゃないんだそうです。そんなのは、先生の論文読めば終わる話だから。そうなると、大学教員はファシリテーターとしての能力が問われるな、と思います。

津吹　まさに、おっしゃる通りですね。

写真6.1　対談中の様子①（左・高柳　右・津吹）

アクティブラーニングの本質

高柳　津吹先生はインターナショナルスクールにいらっしゃって、その辺はどうお感じになりますか？

津吹　やっぱり、外国人の教員のファシリテーター能力は高いなと思いますね。というか、ファシリテーションしかしていないというのが正しいかもしれない。そもそも受けてきた教育が違いますし、あとはそのインターナショナルスクールで言うと、国際バカロレア（International Baccalaureate, IB）[2]という一応フォーマットがあって、その中で共同学習とかがあるわけですね。

　探求型を前提にティーチングノートが組まれているので、やっぱり子どもたちに対して問いを投げかけるようなやり方をしていますね。例えば、日本だと、「これはFishです。ではこれは何ですか？　Dogです」みたいな教え方をすると思うんです。でも、インターナショナルスクールだと「これはFish。これはDog。何が違う？」と考えさせる。すると、例えば「こっちは食べられて、こっちは食べられない。」あるいは「こっちは魚類で、こっちは哺乳類。こっちは水で、こっちは陸で。」とか、子どもによって解が違う。結論はべつに出さないんです。というより、結論は何個もあるので、「そうだね。なんで違うんだろうね。」と議論が展開することもある。今度はその英語の話から、生物学の話に行ったり、あるいは地域、地理学の話に行ったりという授業をやっていて、すごく面白い。

高柳　面白いですね。いろいろな思考が動きますね。シナプスがうわーって動くような。この気付き——僕はセレンディピティだと思っているんですが、その偶然性に気付くかどうかが重要なんですが、なかなか難しいですよね。

津吹　そうですね、かなり難しいと思います。

高柳　要するに「これはFishです。これはDogです、ということをよく覚

2.1968年にスイスのジュネーブで設立された非営利団体。同団体による大学入学資格試験、教育プログラムのことも指す。世界共通の大学入学資格および成績証明書を与えるプログラムとしての色合いが強い。

えておいてください。」で終わっているわけですよ。「その Fish と Dog の関係性って何だっけ？」とか「Dog って Fish を食べるんだっけ？」とか「焼いて食べるんだっけ？　生で食べるんだっけ？」といった話が、全くない。つまり、偶然性に価値を見出してない。でも今、偶然にかなりの価値がある世の中になってきましたよね？　特に我々みたいなアントレプレナーシップ教育みたいなことをやっている身にとっては。

津吹　事業などは、まさにそうですね。

高柳　そう、偶然性に価値がないと思っているのは、大きな問題です。だから学校がインターネットにつながせない。もともと、ウェブという言葉自体が蜘蛛の巣という意味です。蜘蛛の巣みたいに、規則性があるのかないのか分からないけどそれぞれがくっついている。

津吹　誰かが調べたら、別の意味や解釈が出てきたりして……。

高柳　そうそう。検索したら似たような別の事柄がヒットして、え、これ何だ？ということは多々あります。そういう偶然性。僕の専門はメディア論ですが、メディア論にはよく生物学っぽい話が出てくるんですよ。生物学の論文が偶然ヒットしたときにサッと目を通すと、何が書いてあるか全く分からないんだけど、ひょっとしたら近いかも、と感じることがある。そして、それなら自分の研究に取り入れられないかと思う。

津吹　まさに、セレンディピティですね。またインターナショナルスクールの話に戻るんですが、日本の教科の一つの弊害は、縦割りだと思っています。地理とか英語とか数学とかに分けてしまう。でも世の中は、さっき Fish と Dog の例で話した通り、非連続な関係性で保たれているわけです。UOI、Unit of Inquiry という授業があるんですが、日本で言う「探求」といったところでしょうか。1日2時間×5日、週に10時間ぐらいあるんですね。

高柳　それはかなりの量ですね。

津吹　そのティーチングノートは担任の先生にかなり委ねられていて、日々学んでいることの複合体を考える授業なんですよ。日本で言うところの総合学習なんですが、もっと広い。そういうことが教科で設定されていて、教員もその教え方をちゃんと体得しているっていうのが、見

ていて面白いですね。

高柳　なるほどね。要はアクティブラーニングのプロですよね。

多様化と学校教育

津吹　あとは、海外やインターナショナルスクールでは、子どものダイバーシティが担保されているので、出てくる意見が違うわけです。例えばイスラム教徒の子だったら、魚と豚を「食べられる、食べられない」と答えるかもしれない。これは、日本人からは絶対に出ない考え方です。日本人が35人のクラスだったら、「魚と豚は食べ物です」と画一的な答えになってしまうけど、ダイバーシティが担保されている状況では、先生も答えが違うということを前提に授業を運用する。

高柳　なるほど。僕は一貫教育の私学で育ったんですが、ダイバーシティという観点では今後どうなのかなと考えたりします。男子校だったのですが、男でも女でもない人の性が認められている時代に、男しかいない。まずそこから議論しなきゃいけない。それに、障がい者がいないんです。大変お恥ずかしい話ですが、そういうプラットフォームで育つと社会に出てからいろいろ苦労しますよね。でも、インターネットにつながれば、そこには多様性がある。

津吹　そこなんですよ！　インターネットはバリアを越えられる。さまざまな国籍や年齢を含めたダイバーシティを担保する環境を日本の教育現場で実現するのは、なかなか難しいと思うんです。でも、IT技術を使えば、例えばフィリピンやインドと簡単につないで会話もできるわけです。

高柳　そうですね。教室の内部と外部をシームレスにつなぐ。

津吹　そのリスクを、教員は怖がるのかもしれません。「何かあったらどうする」という議論が常にあるんですよね。海外では「何かあったら考えればいい」という考え方で、リスクに対する考え方が違うんです。

高柳　なるほど、冒頭と同じ類の話ですね。一般的な社会人として生きていく、または生き残っていくっていくために、ダイバーシティは避けられないですよね。それなのに、40年くらい前に僕たちが受けた教育

と全く同じ教育を今もやってるんだなと、外から見ていて思います。

　公立の小学校の話を聞くと、親が日本語を喋れない外国人の子どもたちもたくさんいますよね。保護者向けのプリントを子どもが翻訳して伝えているような。日本語ベースの小学校というプラットフォームでもなんとかクラスでうまくやっていく能力って大事ですよね。

空気としてのIT、権利としてのIT

津吹　はい、おっしゃる通りです。ここでITの話をあえて振ると、公立の学校でITデバイスを導入するときに、やはり経済性が問題になるらしくて。日本の場合、「うちはiPadを買うお金がありません」というご家庭があるとそれに合わせざるを得ないので、導入を見送ります。これってどうなんでしょうか。ちょっと答えが見つからないですけど。

高柳　米国のゴア元副大統領が1980年頃にNII（National Information Infrastructure）のような政策を社会化（socialize）させるときに必ず使ったのが、「図書館と教育」なんですよ。公立の図書館に最先端のMacを入れたりするわけです。政策ですから、もちろん税金です。これで、収入格差に関係なく誰でも使えます。

　米国という国は、最低限のアクセスを全国民に担保するというか、知的インフラを準備するのがすごく得意なんです。これを話し出すと1週間くらいかかるのでこの辺にしますが（笑）、教育だからやれという切り口なら、保守からもリベラルからも基本的にはコンセンサスを得られますよね。

津吹　絶対善ですからね。

高柳　そのために敷いたインフラがインターネット、TCP/IPだったというわけです。だからさっきのデバイスの話は、学校が準備するのが基本だと思います。「家にない？　分かりました。では図書館にあるものを使ってください」でいいと思います。

津吹　日本の学校の図書館は、たいてい校舎の一番上の階の端にあって、薄暗いイメージ。でも、多くのインターナショナルスクールって、校舎に入ってすぐに図書館があるんですよ。明るくて、名前もLibraryじゃ

なくてResource Centerというんです。知のリソースのセンターです。そのくらい、図書館というものを大事にしている。

高柳　なるほど、Resource Centerか。

津吹　そう、インテリジェンスが集結している場所という位置づけです。もちろんネット環境もあるし、議論できるテーブルもあるし、AppleTVが置いてあって動画も見られる、そういう自由な空間になっているんですよね。

高柳　ニューヨーク公立図書館が映画になるくらい注目される理由も同じですね。残念ながら、おっしゃる通り日本の図書館はまだまだかなわないかもしれません。

学びの空間を求めて：武蔵野プレイスの事例

高柳　この前、大学院の同期に連れて行ってもらったんですが、武蔵野市に「武蔵野プレイス」という図書館を中心とした複合施設があるんですよ。とても素晴らしいので、ぜひ行っていただきたいです。建物も素晴らしいし、中で行われているコミュニケーションも素敵なんですが、僕が感動したのは吹き抜けの地下2階にあるティーンズだけのためのスペースです[3]。制服を着た部活帰りの子どもたちが、そこでワーワーギャーギャー言いながらテスト勉強や宿題をしていたり、ネットにつないでスマホでゲームしていたりする。たまにドーナッツ食べながら。

　　　僕らの世代はマクドナルドに集まって試験勉強しましたよね。あの環境を地域が用意しているというのが、すごく素敵なことですよ。武蔵野プレイスの中でそこがね、一番活気があった。イノベーションだなって思いました。

津吹　僕はよく「ネット・電源・飲食OK」は「三種の神器」だって言います。

高柳　絶対そうですね（笑）。IT前提経営の6大要素として、「デジタルネイティブ理解」を挙げています。「子どもの教育が重要だ。そこに予

3.地下2階が青少年の居場所、創作活動の場「ティーンズスタジオ」となっている。

算を付けろ。」というだけではなく、彼らの考え方を理解するところ
まで行かなければいけない。すると「電源」が重要だ、ということが
分かる。彼らはスマホやタブレットをずっと持っていたいし、ずっと
つながっていたいわけだから。それが理解できないと投資できないで
しょ？という思いが、僕の根底にあります。

ITの世代間ギャップ

津吹　僕は東京のある私立大学でも7年間ほど教員をやっていましたけど、
　　　そのときに、18、9歳の子たちのコミュニケーションツールが何なのか、
　　　ということをすごく考えさせられました。2008、2009年頃は、クラス
　　　内の連絡にメーリングリストを使っていたんですよ。ところが、メー
　　　ルを見ない学生がいることに気が付いた。それで、当時はFacebookの
　　　Messengerがまだ機能していたので、メーリングリストからFacebook
　　　に移行して、Facebookのグループを作ったんですね。その後2年くら
　　　いしたら、今度は彼らがLINEに移行したことに気が付いたので、LINE
　　　のグループを作りました。今は何だろう？　きっとSlackでしょう。
　　　　彼らのホットなコミュニケーションツールは何か、彼らが一番見る
　　　アプリは何なのということが分かっていないと、こっちはオワコンの
　　　オヤジになってしまう。

高柳　本当にそうですよ。学部の会議で、「学生への連絡をLINEでやった
　　　らどうか」という話があったんですが、ある先生は「メールを見ない
　　　のが悪いんだから、見ない学生はみんなアウトでいい」と言っていて。
　　　確かに、ルールとしては分かるんですが、わざわざ学生たちが苦手な
　　　コミュニケーションツールを使うのも問題だなとも思います。

津吹　でも高柳先生がいる学部なんかはそういうのにアンテナが立ってな
　　　いといけないところですよね。「日本で初めて経営不振で潰れた大学の
　　　学部は、経営学部だった」っていう、冗談みたいな話がありますが。

高柳　あまり笑えないですね。そもそもインターネットは大学発ですから、
　　　本来はインターネットとその周りを固める文化というのはアカデミア
　　　と相性が良いはずです。基本的に「玉石混合」で「猥雑」なものです

からね、インターネットの世界は。日本の政治家がよく「青少年」と
いう言葉を使いますが、僕にはなんだか、これがインターネット的な
ものの正反対にある概念のように思えます。おそらく、「青少年」なん
て存在しませんよね。自分たちのことを考えればよく分かる。そうい
う議論をずっと避けている感じがするんです。

津吹　性善説に立つか、性悪説に立つかという話に近い気もしますね。さっ
きのアジャイルの導入を禁止してしまう話にも通じますね。

高柳　もちろん僕は「オープンソースであれ」という立場ですが、ただ一
方で、会社経営なんかしてると、どうしても管理をせざるを得ない側
面もありますね。

津吹　当然それは必要だと思いますね。

高柳　はい。必ずしも全員が正しいわけじゃないって。

アントレプレナーとしての「宣教師」

高柳　津吹先生は、カンボジアの山奥のキリロムでゼロから学校法人を立
ち上げたプロジェクトに、要職でいらっしゃいましたよね？

津吹　はい。キリロム工科大学ですね。

高柳　あの出来事は僕も興味深くウォッチしていましたけど、一体何だっ
たのでしょうか？

津吹　キリロム工科大学の創業者はご存知の通りバリバリのITベンチャー
経営者ですから、学校の作り方も、ITベンチャーを作る感じなんです
よ。自分が経営者として欲しい人材、欲しかった人材を育てるという
ところからのチャンクダウンで作っているわけで、変な理想論とかじゃ
ないんですよね。

高柳　私は立教学院で育って立教学院で教えていますけど、チャニング・
ムーア・ウィリアムズ主教（Channing Moore Williams、立教学院の
創立者）が1874年に立教学院の前身を今の中央区明石町に作ったわけ
です。特に関係校で話をするときに、僕はよく、あれはベンチャーだっ
たという説明をします。彼は牧師ですが、同時にアントレプレナーだ
と。だって、学校を作るわけですからね。自ら異国から来て居留して。

第 5 章　対談：教育と IT 前提経営

結構なベンチャーですよね。

津吹　そうですね。

高柳　で、ひょっとしたらキリロム工科大学も似たところあるのかなと思いました。

既得権益としての教育：「N高」問題とは何か

津吹　今、ちょうどそういう流れがあると思っています。キリロムの事例に限らず、例えば「N高」[4]も絶好調です。あるいは日本電産の永守さん（永守重信。日本電産の創業者）が大学を買ったりとか[5]。ビジネスで成功した企業や人が、そういう新しい学校を作ろうとしている。状況としてはまさに「ペリー来航」みたいな感じ。時代が凝り固まっていてヤバいというときに、外から来た人間がガガガガガって動かしはじめているような雰囲気を、すごく感じるんですよね。

高柳　要は、残念ですが、「教育」は既得権益だったということでしょうか。

津吹　そう。だから、それに対しての危機感をすごく感じ取っていて、かつビジネスの立場で世界を見てきた人や実務をやってきた人、それからITの最先端をやってきた人が、「このままじゃヤバい」と最後は「国家百年の計」の教育に投資するんだなと感じています。一方で、既存の教育に関わっていた人たちは、そういう事態に慌てふためいている。

高柳　AIに仕事とられちゃいます、みたいな話ですね。

津吹　ただ、そういうところに日本の子どもが流れるというニーズやオポチュニティがあるということを、日本の教育業界も冷静に見た方がいいと思います。

高柳　そうですよね。この前、中学高校の先生方と話したんですが、40年前と違って多くの学校が定員割れにヒヤヒヤしている状況で、N高は開校から数年で学生数が1万人を超えていることは、もう脅威でしかないです。でも、その先生方は「N高に学ぼう！」と言っているんで

4.N高等学校。角川ドワンゴ学園が2016年に開校した通信制の私立高等学校。

5.永守氏は2018年3月に京都学園大学の理事長に就任し、100億円以上の私財を投じて同大の改革を行った。2019年4月、大学名称を「京都先端科学大学」に変更した。

110

すよ。

津吹　1万人集まっているというマーケットの事実を認めないといけないと思います。

高柳　しかも囲碁で灘高に勝ったとか[6]、数学オリンピックの金メダリストが出そう、という話題もある。僕も、N高卒業の人なら採用したいと、ちょっと思います。

津吹　キリロム工科大学にもN高出身のいい生徒が2人いるんですけど、やっぱりいいですよね。ITと親和性がある。

高柳　そうでしょうね。

津吹　僕はN高の中もよく知っているんですけど、ホームルームはSlack。担任の先生は毎日Skypeで一人一人の生徒とコミュニケーションをとっています。まさに「IT前提教育」で、顔を合わせるのは入学式と卒業式だけ。

高柳　振り切ってますね。

津吹　確かに、それで十分ですよね。

高柳　今、僕が関わっているいくつかの会社は、全てそうなりました。その代わり、耳にAirPodsを入れっぱなしにして移動することになるわけですが。今後、N高みたいな学校がデファクト・スタンダードになるでしょうか？

津吹　そうなると思います。

高柳　だとすると、そういう学校を卒業して、例えば一部上場の「うちはすごい会社ですよ」っていってるような会社が「オフィスに出勤しなさい」って言ったら……。

津吹　やだよね（笑）。

高柳　やだというか、「そんなとこ行かねえよ」ってなると思うんですよ、いくら給料が高くても。だから、やっぱり「IT前提」を考えないといけないんですよね。教育も会社も、いわゆるレガシー陣営がちゃんと考えないといけない。

津吹　IT前提教育を受けた人はIT前提経営の会社にしか行かない。

6.N高は、2018年10月27日オンライン囲碁団体戦で灘校に2勝1敗で勝利した。

高柳　そして、本来は教育の方が早く「IT前提」を考えなきゃいけないと思うんですね。

写真6.2　対談の様子②

学校のターンアラウンドが始まっている

高柳　学校は出遅れているという危機感を持つことが必要ですね。学校は大きな組織だし、税金も投入されているから仕方ないという側面はありますが。いまだに稟議をあげるときにはハンコが必要、というようなことを含めてですね……。

津吹　破壊的なイノベーションは新しいところから出るというのは、確かにその通りだと思っています。既存のものを変えるよりは、N高とかインフィニティ[7]、あるいはキリロム工科大学のように、ゼロベースで立ち上げる方が早いとは思うんですよ。ただ僕は、伝統進学校が「IT前提」に振り切ったときには、もっと巨大な動きになるんじゃないかと期待しています。

　　例えば開成（高校）とか灘（高校）が「オンラインで授業やります」

---

7. インフィニティ国際学院。世界を旅しながら学び合い、世界の難関校などを目指す国際進路特化型インターナショナルスクール。2019年4月に開校。

「みんな学校来なくていいです」となったら、どうなるのか。それはちょっと楽しみだし、期待しているんです。

高柳　そうしないと人が集まらない時代でもあるんでしょうかね。

津吹　残念ながら、やっぱり教育業界にはブランド志向もあって、特に小中高くらいまでは保護者のジャッジがあります。でも強い伝統校は、「IT前提」の重要さに、多分気が付いていると思うんです。伝統企業のベンチャー化みたいな感じなんでしょうね。

高柳　ターンアラウンドした学校もたくさんありますよね。

津吹　広尾学園（広尾学園中学校・高等学校）なんかが有名ですよね。それから三田国際（三田国際学園中学校・高等学校）とか。潰れかけの中小企業をプロ経営者が買って、乗り込んできて、ターンアラウンドするのと同じです。「リソースはいいし、建物も、土地も、免許も整ってます。やり方が悪いだけですよ、正しく伸ばしましょうよ」というわけです。多分これから、そういう経営者ならぬプロ教育者のような人材ニーズが出てくるんじゃないかな。

高柳　なるほど。

津吹　この前、三田国際の学校フェアに行ったんです。そしたら行列ができていて、順番待ちなんですよ。広尾学園もそうですけど。そういう、いい意味での新興校が出てきていて、楽しみです。

高柳　既存の学校も、有名校よりも追う側の方が勢いがありますよね。

津吹　そうですね。企業と一緒かもしれません。あぐらをかいたら終わりです。

高柳　僕は大学にしか関わっていないので詳しくは分かりませんが、自分の子どもを育ててみて思うのが、義務教育期間は子どもの成長にとってとても重要なのかもしれないということです。でも残念ながら、もうご承知の通りIT導入がめちゃくちゃじゃないですか。これは教育ではなく、役所の問題かなと思うんですが、いかがでしょう？

津吹　その自治体の長の、ITに関するセンスに左右されると思います。

高柳　値域の教育委員会に、影響力がありますよね？

津吹　そうですね。そこが公教育に対して何か言ってくれたら一気に変わる気がしますけどね。

コンヴィヴィアリティ（共愉）と教具

高柳　先日、講演を頼まれてある地方の公立中学校へ行ったら、教室に電子黒板があったんですよ。かなり高価だと思うのですが、使われずに、大教室に6台くらい眠っていました。ハードには予算が付きやすいので、そういう「ブツ」を買ったんだと思いますが、それを使いこなせる先生もいないし、使うためのコンテンツもIT化されていないんじゃないかなと思いました。

津吹　そういう教育のアイテムのことを教具と言いますが、僕は教具とおもちゃとかガジェットの違いは紙一重だと思っています。僕のいるインターナショナルスクールで使っている教具を見ていると、すごく楽しいんですよ。カラフルなボールとか、おもちゃみたいで。子どもが学校だって意識しないで、ワッと寄ってきます。そんな教具がたくさんあるんですよ。でも、そのボールを見ると「red」や「yellow」と英単語が書いてあって、あ、これで覚えるんだ、ということが分かります。きちんと考えられているんですよね。

　　　ただ電子黒板もスマホもある意味ガジェットだし、おもちゃじゃないですか。中高生はそれが楽しいから触るわけで。そんな教具を「とりあえずこれで遊べ」と生徒に渡せば、彼らはすぐに使いこなすんじゃないかな。

高柳　それはまさに『脱学校の社会』[41]とか『Tools for Conviviality』[42]ですね。イヴァン・イリイチが書いた名著です。イリイチの哲学を示すコンヴィヴィアリティ（conviviality）という言葉を、古瀬幸広さんが「共愉」と訳しました[43]。これはまさにいま津吹さんがおっしゃったことに通じます。

　　　テープレコーダーができたときに、日本ではLL教室を作りました。先生がカセットテープを回して、子どもたちが聴く、の繰り返し。なんにも面白くないですね、それ。

津吹　はい、だから寝る（笑）。

高柳　でも、イヴァン・イリイチ的なやり方では、テープレコーダーがこんな小さくなったんだから、そこにカセットを入れて子ども5チーム

に1台ずつ渡して、1時間何かやってこい、と言って放っておく。そうすると子ども供たちは校庭や学校の中で、録音したり、早回ししたりと、いろんなことをやって、場合によっちゃあ壊したりして、こんなのできました、って持ってくるわけです。教具ってまさにそういうもので、電子黒板なんていうのは、多分、「お上」が考えたものなんでしょうね。それが学校に配られるわけだけれども、現場では使われない。生徒も先生も楽しくないし、使い勝手も悪い。

津吹　最近ちょっとバズワードになったデザイン・シンキングがまさにそれで、海外のデザインラボとかデザインファクトリーといった「デザインなんとか」という場所は、もう取っ散らかったガレージですよね。

高柳　私の書斎とか研究室もそうで、怒られっぱなしです……。デジハリ（デジタルハリウッド大学）の御茶ノ水のラボがそんな感じですよ。取っ散らかってて最高。

津吹　DMM.Make[8]もそうですね。でも、イノベーションはそういうところから始まりますよね。最近は日本の企業にもそういう文化が入ってきたけど、学校の中でもやり方によってはそういうふうにできると思います。例えば、ルールを変えて飲食OKにする。それだけで、だいぶ変わると思うんです。電源なんて、電源タップを持って行けばいいだけだし、ネットがなければポケットWi-Fiでいいわけです。

8.DMM.Make（https://make.dmm.com/）

写真6.3　対談の様子③

IT前提○○と「ながら文化」

高柳　先日、ある地方に根ざした金融機関で講演させていただいて、モビリティで重要なのは、移動することだけではなくて「ながら仕事」「ながら文化」だと話しました。例えば今も、水を飲みながら話をしている。ここにピザがあってもいいし、お菓子があってもいいですよね。でも、実は日本の文化って「ながら文化」を認めなかったんですね。例えば、テレビを見ながらご飯を食べていると「テレビ消しなさい」となるわけです。なぜテレビを見ながらご飯を食べちゃいけないのかに対しての答えはないですよね、なかなか。

津吹　お行儀が悪いから？

高柳　確かにお行儀は悪い。でも、スタバでコーヒーを飲みながら、サンドウィッチをかじりながら、パソコンを開いて仕事をしますよね。あるいは「会社の中にいると行き詰まっちゃうから、外に出てきます。」とコーヒーを飲みながら仕事をすることによって何か出てくる。これも、要するに「ながら仕事」です。

　　　僕のゼミ生で「おひとりさまカフェ」のビジネスプランを書いている社会人大学院性がいるんですが、その院生の資料に、昔の偉人の多

くは、トイレ中やお風呂中などにアイディアを思いついた、という引用がすごくたくさんあるんですよ。

津吹　アルキメデスとかね。面白いですね、それ（笑）。

高柳　そう。それが最高に面白くて。結局、机の前でずっと座ってなんていられないですよ、子どもなんて。僕はいまだにじっとしていられませんから（笑）。

津吹　あのね、僕のインターナショナルスクールでは、廊下にソファが置いてあったり、カーペットが敷いてあったりするんですね。子どもは皆iPadかMacbook Airを持っています。それで、「犬と豚の違いについて調べてください。今から10分。」って言うと、子どもは教室の外に出て行って、その辺で寝っ転がって、まさに喋り「ながら」検索しています。見る人によってはお行儀が悪いって思うかもしれないけど、まあリラックスしているといえばしているし、僕はすごくその雰囲気はいいと思っています。教室の中だけじゃなくて、廊下、建物、全部が学ぶスペースとして考えられている。

高柳　なるほど、大学のキャンパスなんかは全体としてそうなってますね。僕は大学院生のときよくチャペルで本を読んでいました。まあ、いつの間にか寝てるんですけど。最近の公立学校の新しい校舎は、だんだんそういう設計になってきていますよね。教室の壁がなくなっていて。

津吹　そうですね、ソファを置いたりとかね。

高柳　今はハードではなくソフトです、という時代ですが、やっぱりハードの力は偉大なんだと思います。そうなると私学は厳しいですよね。建て替えるにもお金がないという事例がすごく出てきています。

伝統校の持つ物語の終焉：多様化する学校選択時代

高柳　これを言うと負け惜しみになってしまうかもしれませんが、伝統進学校はこれからちょっと厳しくなってくるんじゃないかと思っています。

津吹　ほう。なぜですか？

高柳　「6年間かけて東大行きましょう」というコンテンツの価値がそろそろ危ういかもしれないなと。

津吹　なるほど。でも、僕も定量的な評価はちょっと分からないんですけ
　　ど、私学の伝統的な進学校が、海外の大学への進学に切り替えはじめて
　　いて、じわじわと日本の大学離れが起こっています。これはヤバいっ
　　てことを、高校の先生が感じはじめましたが、大学はまだ気付いてな
　　い。昨今の入試改革がそれを加速させる可能性はあると思います。
　　　海外の大学に行くのは、まだ100人中10人とか5人とか、そんなも
　　のだと思いますが、行った子たちが「いいぞ」「面白いぞ」という話を
　　して、先生もその気になったら、一気に動いちゃうかもしれません。
高柳　バチェラーでMIT（マサチューセッツ工科大学）に行くような子た
　　ちを、進学校が育てるということですか？
津吹　そういうことです。もちろん費用の問題などはあるけれど、そこは頑
　　張って奨学金をとる。あるいは、アジアへの進学はコストパフォーマ
　　ンスが良いと思います。なぜなら、マレーシアやフィリピンは英語が
　　ほぼネイティブ。しかも、学費は日本の私学とそれほど変わりません。
高柳　最近、徐々にその道を選ぶ方々が増えていますね。
津吹　端的な例では、うちの子どもがマレーシアの中学に行きました。全
　　寮制なので食べる・寝るが全部付いて、学費は日本の私学の1.5倍ぐ
　　らいです。中国人も、マレーシア人も、インド人もいて、キャンパス
　　は東京ドーム7個分の広大な敷地。「日本の学校とマレーシアの学校、
　　どっちを選ぶ？　こっちかな？」って、僕は思っちゃったんですよね。
高柳　なるほど。つまり「どちらを選ぶか」って、比較して悩むところま
　　で来たというわけですね。
津吹　そうなんです。「Apple to Apple（同一条件）」になっているんです。
　　その先のアウトカムがどうなるかは、これから見ていかなきゃいけな
　　いんですけど、子ども自身が「こっちがいい」って言った以上、もう
　　選ばない理由はありませんでした。
高柳　そうでしょうね。結局、アウトカムを評価する基準は今の日本のス
　　タンダードでしょう。僕はそれが怪しいと思っていて、僕なんか全く
　　評価されないですから日本基準じゃ（笑）。だから、アウトカムも分
　　からないですよね。ある人はダメって言うかもしれないし、ある人は
　　「いや、最高だよ」って言うかもしれない。必ずしもトップ大学の評価

が良いとは限らないわけですからね。「親が満足する」といった話もよく聞きますが、デジタルネイティブ分析の専門家として思うのは、今僕たちが生きている時代では、親の評価は確実に時代遅れだということです。

津吹　「未来の先生展[9]」というイベントをぜひ紹介したいんですが、いわゆる偏差値型の進学型中高から、新規型学校や日本にあるインターナショナルスクール、あるいは海外の中高への留学といった選択肢も増えてきているし、学校を選ぶ尺度が1つじゃなくなってきているという主旨の対談をやります。保護者はまず、そういう軸が多様化している中で、自分の子どもと学校のマッチングをどうするかということを考えなくちゃいけないんですよね。国内大学の企業規模は大きいけど、成長率は小さいと。で、「国内改革型中高」で「国内インター」で「海外進学」とかがとても広がっている感じです。

高柳　私もそう思います。この前、御茶ノ水でオーストラリア留学フェア2019[10]に行ってきたのですが、とてつもない人の数でした。熱気が半端じゃない！　みんなこんなにオーストラリア留学に興味があるの？と思いました。2日間ごった返していましたよ。

津吹　それはある意味で親の危機感の表れですね。日本の学校ではもう満たされないということに、マーケットが正直に反応しているわけですよね。ただ、日本には「欧米礼賛主義」みたいなものがありますが、その中にも有象無象があるし、玉石混交だということは知っておいた方がいいかなと思います。

公立学校のプレゼンスが増大する時代

高柳　私の友人に、子どもを小学校の途中から兄弟2人で海外のボーディングスクールに行かせた人がいるんです。その方だけでなく、何組も存じ上げていますが。「で、行かせてみてどうですか？」と聞いたら、「まあ楽しくやってるし、優秀になったから、良かったと思ってる。で

9.2017年度より開始された教育イベントで、文科省ならびに民間企業が後援を行っている。
10.2019年6月に御茶ノ水ソラシティにて開催。

も親2人で50歳を過ぎて寂しい」と言うんですね。

津吹　「IT前提家族」でいいじゃないですか！

高柳　確かにその方はITに強いから、日々子どもたちとSkypeで話したりしているわけですが、なんか寂しいわけです。それで「じゃあ、奥様と2人で子どもたちのところへ行って生活したらどうですか」って言うと、「こっちは親の介護が始まったから」と、全員それに近いことを言います。

　　　それって、すごくプリミティブなことじゃないですか？　別々に生活して、お子さんたちは高校を出たら当然海外の大学に行って、「向こうで就職して生きてく」となる。そして親は寂しい。

津吹　気持ちはよく分かります。

高柳　それで、子どもにとって良かったかどうかは、子どもはその道しか知らないから分からないですけども、その方は「いくらお金やチャンスがあったからといっても、小さい子どもの海外留学を勧めるのはやめようと思ってます」と言っていました。何が言いたいかというと、学校選び、教育選びが本当に多様化したなと思っているんです。

津吹　僕も、もちろん海外に行くことが必ずしも良いとは思わないし、それぞれの家族の価値観やいろんな事情があるから最終的には人それぞれであって、それが多様性なんだろうなと思います。

　　　ちょっと話がそれちゃいますけど、教育コンテンツって、もうほとんどのものがオンラインで提供できる状態じゃないですか。ということは、学校みたいなリアル環境に対して何を求めるかを、明確にしなければならない時代になってきていると思います。学校っていうリアルインフラに行く意味とか、そこに求める価値って何だろうっていうことが問われている。「いろんな国籍の人がいます」でも「大きなサッカーグラウンドがあります」でもいいですし、いろいろあると思うんです。

高柳　そうですよね。都心にある学校を考えるとして、「グラウンドは小さいです」かつ「ダイバーシティはないです」さらに「インターネットもないです」となったら、行く理由ないですよね？」

津吹　ROI（Return On Investment）が低い。

高柳　今までは、私学一貫校の場合は受験勉強せずに大学に行けるとか、そういうアップサイドがあったんですけど、最近はAO入試もそうですが、大学の入学の仕方もかなり多様化していますからね。今流行りの「入試ハック」みたいなことも含めて。だから、そこはすごく悩ましい。

　で、ロジカルシンキングをすると、今後、東京も地方みたいに公立主義に戻るかなと思っているんです。というか地方に習って東京も、というのが正しいかもしれません。なぜなら、その方が自由だから。学力が欲しければ塾へ行けばいいし、親が教えてもいい。途中から「留学します」といっても制度上怒られることもない。ありがたい話です。受験したい人はすればいいし、一番多様なんじゃないかなと。

　小学校から大学まで続いている学校に入ると、レールが敷かれているので、脱線するのが難しくなりますよね。人はそんなに強くないし、かつ、学校からすると途中で他の学校に行かれたら「売上」が減ってしまうから、そうさせないためにあの手この手の制度があったりしますし。結局それが「モビリティ」を妨げているのですが。

津吹　高柳先生のご著書にもありましたが、地方創生の文脈の中で、日本の地方地域が町おこしとして新規の学校やボーディングを作るというケースが、かなりの自治体で出てきているじゃないですか。それぞれが新しいコンセプトでそれぞれがやりましょう、と。まだどうなるか分かりませんが、結構期待したいと思っています。なんだかんだいっても、学校は人が集まるエンジンになるし、子どもだけじゃなくて、それこそ、家族ごとその地方に行くっていうケースもあると思っています。

高柳　昔、東武とか小田急とかが沿線に学校を、と無料で土地だけ提供した都市計画と同じですね。

津吹　そうですね。人が集まれば当然経済が回る。親も、エンジニアとかデザイナーなら、IT前提経営のもとにそこで仕事ができますし。

高柳　おっしゃる通りです。

東京一極集中の話

津吹　その究極のかたちがキリロム工科大学なのかもしれません。この東京一極集中は、多分、来年が限界です。

高柳　え！　来年なんですか？！

津吹　オリンピックがあるので、その後はもうキャパオーバーじゃないの？という気がするんですよね、東京って。

高柳　今対談しているここは中央区ですが、実は夜9時くらいからネットが遅くなるんです。

津吹　今どき？

高柳　ええ、今どきです。中央区やお隣の江東区豊洲にはマンションがすごくたくさん建っていて、1棟に1,000世帯くらい住んでいます。一気に人口が増えて、その人たちがみんなYouTubeやAppleTV、Netflixなんかを見ますから、もうパケ詰まりなんですよ。それでちょっと費用を払ってギガビットネットワークが売りの光サービスに変えたら、当たり前ですが劇的にスピードが上がりましたが。このパケ詰まり問題は、先ほどのお話にも通じます。IT前提経営的な思想に立つと、パケットが詰まる自治体には人は集まらなくなると思うんですよ。

津吹　そうですよね。ガス・水道と一緒ですからね。

高柳　僕の住んでいる長野県でも同じようなことが起こっています。白馬村のインターネットは快適なんですよ、使っている人口が少ないですから。でも軽井沢の夏季の夕方以降は、パケ詰まりが酷いんです。こうなると「あそこはネットが遅いから行かない」となりかねない。

津吹　そうですよね。水が出なかったらみんな文句を言いますけど、それと同じレベルなんだから。生活インフラですからね。

高柳　逆に言うと、白馬村は1,600メートルの山の中腹に速いネットがあるから行っちゃうわけです。

津吹　最近は地方地域が、村おこしや地域観光振興をさてやるぞ、となったときにまずネットを整えますよね。

高柳　そうです。だから東京の人口密度の問題は深刻だと思います。

津吹　僕は5年ぶりに東京に戻ってきて、もう飽和状態になってきている

なとすごく感じます。地下鉄もオフィスもキャパの限界じゃない？と。

高柳　確かに便利ですけど、住むにはどうなのかなと思います。

津吹　QOL（Quality Of Life、個人の人生の生活における幸福度の概念）は反比例しますよ、便利さに対して。教育論で、天井の高さと子どものIQの伸びが比例するという研究があります。それがどこまで本当なのかは分かりませんが、東京のマンションは環境がいいとは言えない。それは白馬で育った方が良いですよ。

高柳　家もみんな一戸建てで、天井も高いですからね。

津吹　あと、年齢によっても考え方が変わりますよね。20代の人が東京にいたいという気持ちはすごくよく分かるんです。でも地方は地方で、伸びやかな暮らしができて食べ物もおいしいとか、良いところがある。これは東京で生まれ育った人間の驕りだと言われてしまうかもしれませんが。そこにIT前提の暮らしを掛け合わせたとき、すごく流動性のある生き方ができると思います。ある1か所に居を構えてそこにずっといるというかたちが壊れていく。

高柳　そうですね。モビリティはIT前提経営の要素の一つで、東京に定住することが本当に良いかどうかについては、やはり考えなきゃいけないでしょうね。

写真6.4　対談の様子④

モビリティの大衆化とオンサイト型教育の限界

津吹　キリロムに行って感じたのは、アジアでの飛行機移動コストが、ここ数年で飛躍的に安くなったことです。プノンペン・クアラルンプール間をエアアジアで移動するのはいくらだと思います？　カンボジアからマレーシアです。

高柳　どうでしょう。1万5,000円くらい？

津吹　5,000円です。東京・大阪間よりだいぶ安いですよね。当然、満員です。

高柳　まさにそれがモビリティの大衆化です。僕は、LCCがこれだけ整備されて、若い人たちでも移動しやすくなったことは、革命だと思っています。

津吹　若い人にはもっと移動してほしい。N高に自転車競技をやってる高校生がいるという話を聞きました。世界を転戦するんですってね、ヨーロッパで大会に出場とか。そうすると物理的に授業に出られないので、N高を選んだという。

高柳　それが教育のモビリティです。2017年に出版した私の本で、親はどこにいてもネットで仕事ができるようになったけど、子どもたちは、学校というオンサイトと皆勤賞主義があって動けないと書きました。それからまだ2年しか経過してないけど、もうできちゃってる。
　　　F1ドライバーや世界的なテニスプレイヤーは、家族とチューターが付いて一緒に世界を転戦していますよね。でも、N高ならチューターはいらない。これもまた大衆化ですね。教育のモビリティの大衆化。

津吹　そうですね。それから、カンボジアに行ってもう一つ感じたのは、安定したインターネット接続の通信コストがすごく安いことです。いわゆる4Gのパケット通信ですが、日本よりかなり安くて、月に10ドルも使わないくらいです。

高柳　そりゃ安い。日本の中学生のお小遣いでも使えますね。SIMカードの料金体系が安いんでしょうか？

津吹　はい、そうです。それでなぜかと聞いたんですけど、インフラ上の問題で、基地局ってあるじゃないですか？　あれを持ってる通信会社

のビジネスモデルが先進国と同じようには成り立たないので、いったん国営にして、通信会社に貸し出すようなんです。

高柳　なるほど、そもそものビジネスモデルが日本とは違うのですね。

津吹　日本では電話会社が基地局を建設運用して、そのコストが乗ってくるから高い。カンボジアでは通信コストが圧倒的に安いので、モビリティがすごく高い。みんな固定電話を持たずにスマホを持っています。加えて、カフェがたくさんあるんです。すごく暑いからもともと屋台文化があって、それがカフェになりWi-Fiが完備された。

高柳　なるほどね。ネット発ではなく、屋台発ってことですね。つまり「ながら文化」だ。僕が言ってるノマド・ワークのノマドっていうのもゲルで移動しながら動く遊牧民です。モンゴルには、日本のODAで、日本の大手キャリアがモバイルの基地局を建てたんですよ。固定電話、つまりランドラインの文化がなくて、いきなりモバイルなので安いというのもあります。日本はランドラインとモバイルと両方維持しなくてはいけないから大変です。

津吹　そうですね。新興国って一足飛びにいけますよね。

高柳　津吹先生がキリロム工科大学の副学長をされているときに、IT前提経営の講義をさせていただきましたが、あのとき、誰もFAXを知らなかった。

津吹　そうでしたね（笑）。

高柳　衝撃でした。最初は私の英語の発音が悪いんじゃないかと思って何度も言い直しましたが、そうか一足飛びなんだと気付きました。

津吹　これが産業革命なんでしょうね。

高柳　さきほど学校のターンアラウンドとか、追いかける学校の方が強いという話をしましたが、それに似たところがありますよね。

一条校のカリキュラムの限界

津吹　あとは、「捨てる」ということがすごく重要だと思っています。

高柳　それはどういうことですか？

津吹「例えば、日本の一条校（学校教育法に定められている教育施設の種

類）のカリキュラムって、ぎちぎちなんですよ。国語、算数、理科、社会、体育、情報、それから、総合学習。さらにプログラミングも。

高柳　先生方も大変ですね。

津吹　でも、インターナショナルスクールのカリキュラムはすごくシンプル。MathとEnglishがたくさんあって、少しだけ美術とか体育。え、これだけ？という感じです。逆に、だから日本の公教育はすごいとも言えますけどね。バランス型の人材を育てるには、まちがいなく良いと思います。

高柳　音楽、美術、体育にはいろいろ考えさせられますね。僕は勉強ができなかったから、助けられましたが（笑）。

津吹　あと、単純に、運営する側がくたくたに疲れています。

高柳　教務に事務に保護者対応に部活に……ですからね。

津吹　そこを、高潔性や倫理観だけで頑張れといっても、無理です。でも、特に事務仕事などはITで解決できることがいっぱいあると思います。それから、例えば、遠隔授業を取り入れるだけで変わることもあるかと思いますよ。

高柳　はい。僕は大学の講義で年間何回か遠隔講義をやります。問題なくできますね。遠隔地や海外のゲストスピーカーにはSkypeで登場登壇いただいたりすると、オポチュニティロスがなくなります。

津吹　先ほど高柳先生がご指摘されたように、学校は税金をもらっていたり、免税を受けていたりしますから、基本的にはお役所仕事です。ハンコもその典型ですが、お役所こそ、ITをもっと革新的に使うべきだと思います。

教育の「自前主義」を考える

津吹　ノマドとか、モビリティとか、ダイバーシティといったキーワードに、一つ、何か横串で突き刺すものがあるとすると、アライアンスではないでしょうか。特に日本は自前主義が強いと思います。何でも全部自分でやろうとするじゃないですか。学校でも内部の人員で全て済ませようとするのですが、これからは外部の人にアライアンスすると

　　か、他と連携して、アウトソーシングも考えたいですよね。

高柳　一般企業を考えると効率性を重視するから、そういう発想になりま
　　すよね。

津吹　例えば、教室じゃなくて外で授業をしてもいいじゃない、プラグア
　　ンドプレイ（Plug and Play, PnP）でやりましょう、とかね。教室1個
　　作るのはお金がかかるし、校舎の維持にもお金がかかるので。

高柳　考え方一つで、いろいろ変えることができそうですね。

津吹　だから、オリンピックをきっかけに在宅勤務や働き方改革が一気に
　　進んでほしいなと期待しています。

高柳　そうですね。今日は本当にありがとうございました。

ゲスト：津吹 達也（つぶき たつや）

　千代田インターナショナルスクール東京 学園長補佐。グロービス経営大学院2012年修了
（MBA）。メーカー海外営業、IT企業国際戦略担当、大学特任准教授ののち、カンボジア キリ
ロム工科大学副学長を経て2019年より現職。

　2008年より立教大学にて産学連携プログラム（ビジネスリーダーシッププログラム）の
開発と授業を非常勤講師として担当。2014年立教委大学BLPAdvanced（日本HP社との産学
連携カリキュラム）で文部科学省キャリア教育アワード受賞。京都工芸繊維大学では、COC
プロジェクト（地域社会連携）、産学連携プログラムの開発、リーダーシップ・アントレプレ
ナーシップ教育がコア担当領域としてカリキュラム開発を担当。カンボジア キリロム工科大
学では、設立4年目の工科系大学にて、グローバルIT人材の育成を目標とし、カンボジア人
学生への教育並に、日本人学生の受け入れを実行した。

インタビュアー／高柳寛樹

2019年8月21日
場所：SNOWTECH Tokyo Branch

おわりに

　私は約17年間、会社経営と並行して社会学と経営学の教鞭をとってきた。教える側に立つと、経営を学問することへの違和感のようなものを感じる。そして、最近、その理由は経営教育の目的が明確ではないからではないかと思っている。

　例えばここ数年、都内の私立高校で、社会科の選択科目として経営論を教えてきた。なぜ生徒たちは経営論に興味を持つのか。それは、社会科のような既存の教科では触れない、「経営」という生活に密着した大人の活動を知りたいからだとわかってきた。もちろん、大学へ行けば経営学部などでその哲学に触れることはできるが、高校生以下の教育においては、経営と学校教育との「精神的距離」はかなり離れていると感じる。

　一方、社会人大学院の進学相談会などでは、これから定年を迎える人たちの入学相談が増えてきた。人生100年とするとまだ折り返しだから、自ら事業を起こし稼いでいくことについてゼロから学びたい、という話が多い。彼らの要望と高校生の要望には、近いものがあると感じる。それは、自分の責任において、自分の興味で事業を創造し、収益をあげて生きていきたいという点である。

　経営実務をやりつつ大学で経営学を教えている私がやらなくてはならないことは、これで明確になった。それは「ゼロからイチを作り出す方法」つまりアントレプレナーシップ（起業家精神）についての示唆を与えることである。最近では大学で「アントレプレナーシップ教育」というプログラムに挑むべく、所属大学を越えて多くの経営者や先生方と連携を始めている。

　しかし、はたしてこのアントレプレナーシップ教育は可能なのかという根源的な疑問も抱いている。社会学者として、ブルデューの「文化的再生産1」の議論を参照すると[44]、「経営者の子供は経営者になる」という。経

---

1. フランスの社会学者ピエール・ブルデューが、社会における構造の「再生産」を論じるうえで、行為者の実践を説明するために用いた概念である。ブルデューによると、社会環境をもとに伝達される「文化資本」が子どもに対する教育に深く関係し、さらに親の階層や職業が子どもの将来的な社会的地位の決定の主要な要因となることを「文化的再生産」とした。

営という営みは生活に「こびり付いて」いるから、家族や親戚に経営者が
いた場合、教育など施されなくてもそのまま経営者になる可能性が高い。
これは、骨格や筋肉の付き方などが遺伝した場合に親子で言葉遣いや仕草
が似てくるという現象に近い。

　しかしブルデューは、経営者の子供しか経営者になれない社会ではなく、
所属や教育、階級や身分を超えて何にでもなれる社会を実現するために研
究を行っていた。そのソリューションとして機能するのが、教育機関であ
る。ブルデューの言う「文化資本」の多くは暗黙知だが、それを形式知に
置き換え丁寧に伝えていくことで、誰もが経営を行えるようにする。それ
が教育者の立場としての私たちの役目と考えている。

　これは「経営というテクノロジー」の民主化または大衆化であると言え
よう。しかし、その中でアントレプレナーシップ教育が取り扱うべき「ゼ
ロからイチを作る」教育というのは、かなりの難題である。かつ、これを大
学の4年間で行うことがタイミングとして良いか悪いかという議論は、お
そらくなされていない。しかし、高校生に接してみると、この手の教育を
行うのは十代がちょうどいいのではないかと感じる。

　例えば高校から始まった経営教育がそのまま大学へと引き継がれ、そし
て実践へと昇華する。そして実践でつまずいたときには、もう一度大学に
戻り、大学院でさらに高度な経営教育や経営学に触れることができる。こ
ういった環境が整うと、経営というテクノロジーの大衆化は、もう一歩前
に進むのではないかと思う。そのためには暗黙知である「ゼロからイチを
作り出す経験」を、形式知にしてから伝えなければならない。まさに経営
管理である。

　高校時代に私の授業を受けた教え子が、YouTuberになったと研究室を
訪れた。自分の好きなことを深掘りして動画で配信したりブログを書いた
りして、月々数万円を稼いでいるという。最近この手の嬉しい報告をよく
受ける。私が学生の頃にそれだけ稼ぐには、かなりの労働をしなくてはな
らなかった。

　別の教え子は理系の研究者であるが、研究内容をデジタル配信すること
で、それを見た地方の大学から講演依頼や共同研究の話が来るようになっ

たという。IT前提経営の6大要素における「デジタル・マーケティングの適切な導入」をたやすく実践できるデジタルネイティブだからこその報告である。

社会人大学院でIT前提経営の話をするときには、最初に「デジタルネイティブ理解」がいかに重要かということを話す。一方、学部の講義でも「デジタルネイティブの理解」の話を真っ先にする。なぜなら、彼らよりもさらに若い世代のデジタル・ビヘイビアは、彼らとは全く異なるからだ。

いま学部生である彼らは、数年後にはまた別の世代のデジタルネイティブに向けて仕事をしなくてはならない。人間のテクノロジーへのアダプタビリティはとどまる所を知らない。これから本当に人生100年時代がやって来るのであれば、生まれてから100歳までのデジタル・ジェネレーションはミルフィーユのように階層を作るだろう。したがって、ビジネスにおいてはその階層ごとの顧客を理解しなくてはならなくなる。

マス・マーケティングからデジタル・マーケティングへの移行を余儀なくされたように、「オワコン」化するスピードがこれまでになく速くなっているのだ。これに対応するのはとても難しいが、チャレンジングであるとも言える。私の世代は特に、その最初の世代としてしっかりとIT前提経営に取り組まなくてはならない。

最後に、本書を執筆するにあたり私のわがままや戯言、そして「壁打ち」にお付き合いいただいたたくさんの方々に心から感謝いたします。

本書は、私にとって初の単著となった『まったく新しい働き方の実践〜「IT前提経営」による「地方創生」〜』を出版していただいたハーベスト社の小林達也さんから執筆の機会を頂きました。しかし執筆が半分まで進んだときに、残念ながら小林さんが急逝されました。多くの若い社会学者を書籍デビューさせた、大学の大先輩でもある、とてもとても優しい方でした。その後、本書の出版を引き受けていただいた近代科学社Digital編集長の石井沙知さん、そして石井さんをご紹介いただき、私に長く経営指導をしていただいているインプレスR&D社長の井芹昌信さんには深く感謝しています。

また、毎日毎日IT前提経営の議論に付き合ってくれている学部生や大学

院生の皆さん、そして「#IT前提経営」のハッシュタグを付けてTwitterで呟いてくれる高校生諸君もありがとう。また日々の実業の現場で一緒に汗をかいてくれている皆さんには感謝の言葉もありません。その中でした経験の一つ一つを丁寧にすくいとって、これからも私なりにアウトプットしていきたいと思っています。

2020年2月

高柳 寛樹

参考文献

本文中の引用・参考文献

[1] Deleuze, Gilles（ジル・ドゥルーズ），Guattari, Pierre-Félix（フェリックス・ガタリ）:『千のプラトー』，宇野邦一，小沢秋広，田中敏彦，豊崎光一，宮林寛，守中高明（訳），河出書房新社，1994.

[2] 高柳寛樹:『まったく新しい働き方の実践〜「IT前提経営」による「地方創生」〜』，ハーベスト社，2017.

[3] 例えば、日本経済団体連合会「今後の採用と大学教育に関する提案」
https://www.keidanren.or.jp/policy/2018/113.html

[4] 出入国在留管理庁:入管法及び法務省設置法改正について
http://www.immi-moj.go.jp/hourei/h30_kaisei.html

[5] 例えば、公益財団法人ハイライフ研究所:『都市生活者意識調査2017』
http://www.hilife.or.jp/pdf/201702.pdf

[6] ANAホールディングス:ANAニュース 第15-103号，国内線機内インターネット「ANA Wi-Fiサービス」開始〜国内線初のライブテレビ視聴サービスを開始〜，2016.
https://www.ana.co.jp/pr/16_0103/15-103.html

[7] ANAホールディングス:ANAニュース 第13-167号，国際線機内インターネット「ANA Wi-Fiサービス」開始，2014.
https://www.ana.co.jp/pr/14_0103/13-167.html

[8] 飯田市:リニアのまちづくり・いいだ.
https://www.city.iida.lg.jp/site/iida-linear/

[9] MOOC LIST
https://www.mooc-list.com/tags/japan

[10] 東京大学:大規模公開オンライン講座（MOOC）
https://www.u-tokyo.ac.jp/ja/society/visit-lectures/mooc.html

[11] （株）Voicy
https://corp.voicy.jp/service/

[12] Pariser, Eli（イーライ・パリサー）:『フィルターバブル──インターネットが隠していること』，井口耕二（訳），早川書房，2016.

[13] （株）電通：dentsu NEWS RELEASE,「世界の広告費成長予測」（2019年6月改定）を発表，2019.
https://www.dentsu.co.jp/news/release/pdf-cms/2019059-0613.pdf

[14] 梅田望夫：『ウェブ進化論──本当の大変化はこれから始まる』，筑摩書房，2006.

[15] 高柳寛樹：メディア産業における根幹技術の決定・採用過程と、それに働く「文化装置」に関する一考：テレビとインターネットの事例を中心に，『応用社会学研究』，No. 52，pp. 79-102，2010.

[16] NASDAQ：Apple's Stock Split History, 2016.
https://www.nasdaq.com/articles/apples-stock-split-history-2016-08-10

[17] NASDAQ：3 Stocks That Feel Like Microsoft in 1986, 2017.
https://www.nasdaq.com/articles/3-stocks-feel-microsoft-1986-2017-06-06

[18] GIGAZINE：テレビカメラを全て「iPhone 6」に置き換えることに決定したスイスのテレビ局、実際の取材風景はこんな感じ（2015年10月2日）.
https://gigazine.net/news/20151002-switzerland-tv-use-iphone/

[19] 白馬村：白馬村の人口
https://www.vill.hakuba.lg.jp/gyosei/gyoseijoho/tokeijoho/hakubamuranojinko/index.html

[20] Tableau：Salesforce が Tableau 買収の正式契約に調印，2019.
https://www.tableau.com/ja-jp/about/blog/2019/6/blog-1-110508

[21] TechCrunch：Salesforce と Google が提携を発表，2017.
https://jp.techcrunch.com/2017/11/07/20171106salesforce-and-google-are-the-latest-pals-in-the-cloud/

[22] Tableau：上智大学、数学も経営も全体の数字把握スプレッドシートで断念したIR活動活性化
https://www.tableau.com/ja-jp/solutions/customer/tableau-broadens-perspective-university-staff-member-and-promotes-ir-activities

[23] 近畿大学：法人全体でICTを活用した働き方改革を実践　日本の大学で初めて、全ての教職員に「Slack」導入を決定，2019.
https://www.kindai.ac.jp/_hide/_news-pr/news_release/2019/07/017225.html

[24] 河野太郎氏のTwitter：「行革推進本部で文科省をよんで、こういう神エクセルを至急、全廃することにしました。また、科研費関係の問題提起の窓口をつくり、順次、対応すること

にしました。」(2016年11月1日).
https://twitter.com/konotarogomame/status/793699820712054784

[25] ねとらぼ：データとして役立たない「神エクセル」問題に解決の兆し　河野太郎議員が文科省へ全廃を指示，2016.
https://nlab.itmedia.co.jp/nl/articles/1611/04/news107.html

[26] atmarkIT：「神エクセル」が役所ではびこる理由，2016.
https://www.atmarkit.co.jp/ait/articles/1612/26/news032.html

[27] たとえば、野村総合研究所：日本の労働者人口の49％が人工知能やロボット等で代替可能に，2015.

https://www.nri.com/-/media/Corporate/jp/Files/PDF/news/newsrelease/cc/2015/151202_1.pdf

[28] たとえば、Ethnologue : What are the top 200 most spoken languages?
https://www.ethnologue.com/guides/ethnologue200

[29] 高柳寛樹：メディア産業における根幹技術の決定・採用過程と、それに働く「文化装置」に関する一考：テレビとインターネットの事例を中心に，『応用社会学研究』，No. 52，pp. 79-202，2010.

[30] 高柳寛樹：メディア技術のイノベーションと社会受容のパターンについての一考：地デジ化がもたらした人文的ディスクールの思考から，『応用社会学研究』，No.58，pp. 243-252，2016.

[31] 高柳寛樹：ウェブサービスの生態系："ウェブエコシステム"の分析に関する一考察，『応用社会学研究』，No. 55，pp. 249-259，2013.

[32] トヨタ自動車（株）：TOYOTA、ニューヨーク国際自動車ショーで新型「カローラハッチバック」を初披露―日本でも初夏からトヨタカローラ店を通じて販売開始―，2018.
https://global.toyota/jp/newsroom/toyota/21698632.html

[33] PHILE WEB：5年目に突入のアップル「CarPlay」レビュー。iPhone連携はカーライフに何をもたらすのか？，2018.
https://www.phileweb.com/review/article/201805/07/3019.html

[34] Response.20th：「G-BOOK全力案内ナビ」、「LEXUS smartG-Link」「eConnect for PHV」と連携開始，2012.
https://response.jp/article/2012/02/10/169814.html

[35] webCG：トヨタ入魂の「コネクッティッドカー」何がそんなに"ありがたい"のか？，
2018.
https://www.webcg.net/articles/-/39042

[36] Response.20th：VWグループが電動化を加速、70車種2200万台を全世界で販売へ…
2028年までに，2019.
https://response.jp/article/2019/03/13/320089.html

[37] 立教大学 公開講演会「SuperMobility™時代の自動運転と車産業〜企業経営文脈におけ
る「CASE*」時代到来論への批判的議論〜」（2019年12月18日）．
https://www.rikkyo.ac.jp/events/2019/12/mknpps0000010oi9.html

[38] 官民ITS構想・ロードマップ2019，p.19.
https://www.kantei.go.jp/jp/singi/it2/kettei/pdf/20190607/siryou9.pdf

[39] 国土交通省自動運転戦略本部：第1回会合資料，2016.
https://www.mlit.go.jp/common/001155023.pdf

[40] たとえば、日本経済新聞「新型車の自動ブレーキ、21年11月義務化　事故対策で」（2019
年12月17日）．
https://www.nikkei.com/article/DGXMZO53440790X11C19A2MM0000/

[41] Illich , Ivan（イヴァン・イリッチ）：『脱学校の社会』，東 洋，小澤周三（訳），東京創元
社，1977.

[42] Illich , Ivan. : Tools for Conviviality, Marion Boyars, 1976.

[43] 古瀬幸広，広瀬克哉：『インターネットが変える世界』，岩波書店，1996.

[44] Bourdieu, Pierre（ピエール・ブルデュー），Passeron, Jean Claude（ジャン・クロード・
パスロン）：『再生産〔教育・社会・文化〕』，宮島 喬（訳），藤原書店，1991.

インターネット史に関する参考文献

Graham, Paul（ポール・グレアム）：『ハッカーと画家──コンピュータ時代の創造者たち』，
川合史朗（訳），オーム社，2003.

Kim, John（ジョン・キム）：『ウィキリークスからフェイスブック革命まで　逆パノプティコ
ン社会の到来』，ディスカヴァー・トゥエンティワン，2011.

Platt, Charles（チャールズ・プラット）：『キーをたたく犯罪者たち』，戸根由紀恵（訳），ゆ
まに書房，1997.

Randall, Neil : "The Soul of the Internet; Net Gods, Netizens and The Wiring of The World", ITP.（翻訳『インターネットヒストリー──オープンソース革命の起源』, 村井 純（監訳）, オライリー, 1999）

梅田望夫：『ウェブ進化論──本当の大変化はこれから始まる』, 筑摩書房, 2006.

小川 浩, 小川和也：『ソーシャルメディア維新──フェイスブックが塗り替えるインターネット勢力図』, 毎日コミュニケーションズ, 2010.

公文俊平：『ネティズンの時代』, NTT 出版, 1996.

境 真良：『テレビ進化論〜映像ビジネスの覇権のゆくえ〜』, 講談社, 2008.

菅谷 実：『アメリカのメディア産業政策──通信と放送の融合』, 中央経済社, 1997.

高柳健次郎：『テレビ事始──イの字が映った日』有斐閣, 1986.

高柳寛樹：メディア産業における根幹技術の決定・採用過程と、それに働く「文化装置」に関する一考：テレビとインターネットの事例を中心に, 『応用社会学研究』, No. 52, pp. 79-202, 2010.

高柳寛樹：ウェブサービスの生態系："ウェブエコシステム"の分析に関する一考察, 『応用社会学研究』, No. 55, pp. 249-259, 2013.

中野 明：『IT 全史　情報技術の 250 年を読む』, 祥伝社, 2017.

濱野智史：『アーキテクチャの生態系──情報環境はいかに設計されてきたか』, NTT 出版, 2008.

浜野保樹：『情報スーパーハイウェイ』, 電通, 1994.

浜野保樹：『世界情報基盤』, BNN, 1995.

浜野保樹：『GII 世界情報基盤』, BNN, 1995.

古瀬幸広, 広瀬克哉：『インターネットが変える世界』, 岩波書店, 1996.

水越 伸：『20 世紀のメディア〈1〉─エレクトロリック・メディアの近代』, ジャストシステム, 1996.

水越 伸：『デジタル・メディア社会』, 岩波書店, 1999.

水越 伸：『新版デジタル・メディア社会』, 岩波書店, 2002.

水越伸：『メディア・ビオトープ』，紀伊国屋書店，2005.

水越 伸：『21世紀メディア論』，NHK出版，2011.

吉見俊哉，若林幹夫，水越伸：『メディアとしての電話』，弘文堂，1992.

吉見俊哉：『メディア時代の文化社会学』，新曜社，1994.

IT前提経営に関する参考文献

Allikivi, Raul（ラウル・アリキヴィ），前田陽二：『未来型国家エストニアの挑戦──電子政府がひらく世界』，インプレスR&D，2016.

Cain, Susan （スーザン・ケイン）：『内向型人間の時代──社会を変える静かな人の力』，古草秀子（訳），講談社，2013.

Lerner, Josh., Hardymon, Felda., Leamon, Ann., Hardymon, G.Felda.:*Venture Capital And Private Equity: A Casebook*, 3rd Edition, John Wiley & Sons, 2004.

Luhmann, Niklas（ニクラス・ルーマン），庄司 信：『エコロジーのコミュニケーション』，新泉社，2007.

McGrath, Rita Gunther., MacMillan, Ian.: "The Entrepreneurial Mindset: Strategies for Continuously Creating Opportunity in an Age of Uncertainty", HAVARD BUSINESS SCHOOL PRESS, 2000.

Morris, Joseph M., Brendel, James N., Jerger, Douglas C., Keller, Donald P.: "Software Industry Accounting", John Wiley & Sons Inc, 2001.

Pariser , Eli（イーライ・パリサー）：『フィルターバブル──インターネットが隠していること』，井口耕二（訳），早川書房，2016.

Schneier, Bruce.（ブルース・シュナイアー）：『超監視社会　私たちのデータはどこまで見られているのか?』，池村千秋（訳），草思社，2016.

秋本芳伸，岡田泰子：『オープンソースを理解する』，DART，2004.

大村敬一，増子　信：『日本企業のガバナンス革命』，日本経済新聞社，2003.

小川紘一：『国際標準化と事業戦略──日本型イノベーションとしての標準化ビジネスモデル』，白桃書房，2009.

川崎和哉：『オープンソースワールド』，翔泳社，1999.

神座保彦：『［概論］日本のベンチャー・キャピタル』，ファーストプレス，2005.

高橋利枝，本田量久，寺島拓幸：デジタル・ネイティヴとオーディエンス・エンゲージメント
に関する一考察：デジタル・メディアに関する大学生調査より，『応用社会学研究』，No.50,
pp. 71-92，2008.

高柳寛樹：日本の情報産業を支えるソフトウェア産業におけるベンチャー企業のリスクと成
長性の類型化の研究，『応用社会学研究』，No. 51，pp.129-140，2009.

高柳寛樹：メディアの技術決定過程の研究における、「標準化」の類型——「オープン標準」
という提案——，『応用社会学研究』，No. 56，pp. 155-165，2014.

高柳寛樹：メディア技術のイノベーションと社会受容のパターンについての一考：地デジ化が
もたらした人文的ディスクールの思考から，『応用社会学研究』，No.58，pp. 243-252，2016.

野中郁次郎：『企業進化論——情報創造のマネジメント』，日本経済新聞社，2002.

橋本毅彦：『「ものづくり」の科学史——世界を変えた《標準革命》』，講談社，2013.

原田節雄：『国際ビジネス勝利の方程式——「標準化」と「知財」が御社を救う』，朝日新聞
出版，2010.

原田節雄：『世界市場を制覇する国際標準化戦略——二十一世紀のビジネススタンダード』，
東京電気大学出版局，2008.

平川克美：『小商いのすすめ——「経済成長」から「縮小均衡」の時代へ』，ミシマ社，2012.

前川　徹：『ソフトウェア最前線—日本の情報サービス産業界に革新をもたらす7つの真実』，
アスペクト，2004.

山田　肇：『標準化戦争への理論武装』，税務経理協会，2007.

その他の参考文献

Bourdieu, Pierre（ピエール・ブルデュー），Passeron, Jean Claude（ジャン・クロード・パ
スロン）：『再生産〔教育・社会・文化〕』，宮島喬（訳），藤原書店，1991.

Illich , Ivan（イヴァン・イリッチ）：『脱学校の社会』，東洋，小澤周三（訳），東京創元社，
1977.

増田寛也（編著）：『地方消滅——東京一極集中が招く人口急増』，中央公論新社，2014.

増田寛也，冨山和彦：『地方消滅——創生戦略篇』，中央公論新社，2015.

著者紹介

高柳 寛樹 (たかやなぎ ひろき)

1976年東京生まれ東京育ち。長野県白馬村在住。

立教大学社会学部社会学科卒業後、同大学大学院社会学研究科社会学専攻博士課程前期課程修了。(修士・社会学)。

立教大学大学院ビジネスデザイン研究科／特任准教授 (社会学部メディア社会学科・兼担)、アロワナパートナーズ (株) ／代表取締役、ガーディアン・アドバイザーズ (株) ／パートナー、(株) ウェブインパクト／代表取締役、SNOWTECH／Co-Founder 兼 Senior Official Evaluatorなどを兼務。

大学在学中にTECHベンチャーを起業したのを皮切りに、実業家として複数の会社を経営しつつ、一貫して大学に関わり2002年から立教大学を中心に教鞭をとる。専門はデジタルネイティブ分析を中心に展開する情報社会論、情報産業論、メディア技術論など。大学ではスタートアップストラテジー、リーディング産業論、観光地域経済論などの講義を担当している。「IT前提経営®」の提唱者であり、大手企業経営者へのIT前提経営アドバイザリー (TDMA : Tech Driven Management Advisory) の提供には定評がある。プロフィールの詳細は下記のページに詳しい。

https://hiroki.st/profile/

著書

『<グローバル化>の社会学─循環するメディアと生命』(分担執筆), 恒星社厚生閣, 2010.

『グローバル・コミュニケーション─キーワードで読み解く生命・文化・社会』(分担執筆), ミネルヴァ書房, 2013.

『まったく新しい働き方の実践〜「IT前提経営」による「地方創生」〜』, ハーベスト社, 2017.

"Brand-new work style and its practice: Local creation by Tech Driven Management", Kindle book.

単著論文

顔認証技術の社会化に伴う社会科学文脈における課題の考察：表情認識AI「エモスタ」の発生プロセスと実践を題材として, 『応用社会学研究』, No. 61, pp. 211-226, 2019.

メディア技術のイノベーションと社会受容のパターンについての一考〜地デジ化がもたらした人文的ディスクールの思考から〜, 『応用社会学研究』, No. 58, pp. 243-252, 2016.

メディアの技術決定過程の研究における、「標準化」の類型─「オープン標準」という提案─, 『応用社会学研究』, No. 56, pp. 155-165, 2014.

ウェブサービスの生態系："ウェブエコシステム" の分析に関する一考察, 『応用社会学研究』, No. 55, pp. 249-259, 2013.

メディア産業における根幹技術の決定・採用過程と、それに働く「文化装置」に関する一考：テレビとインターネットの事例を中心に, 『応用社会学研究』, No. 52, pp. 79-102, 2010.

日本の情報産業を支えるソフトウェア産業におけるベンチャー企業のリスクと成長性の類型化の研究, 『応用社会学研究』, No. 51, pp. 129-140, 2009.

◎本書スタッフ
マネージャー：大塚 浩昭
編集長：石井 沙知
表紙デザイン：tplot.inc 中沢 岳志
技術開発・システム支援：インプレスR&D NextPublishing センター

●本書の内容についてのお問い合わせ先
近代科学社Digital　メール窓口
kdd-info@kindaikagaku.co.jp
件名に「『本書名』問い合わせ係」と明記してお送りください。
電話やFAX、郵便でのご質問にはお答えできません。返信までには、しばらくお時間をいただく場合があります。なお、本書の範囲を越えるご質問にはお答えしかねますので、あらかじめご了承ください。

「IT前提経営」が組織を変える
デジタルネイティブと共に働く

2020年3月27日　初版発行Ver.1.0

著　者　高柳 寛樹
発行人　井芹 昌信
発　行　近代科学社Digital
販　売　株式会社近代科学社
　　　　〒162-0843
　　　　東京都新宿区市谷田町2-7-15
　　　　https://www.kindaikagaku.co.jp

ISBN978-4-7649-6008-4

近代科学社 Digital は、株式会社近代科学社が推進する21世紀型の理工系出版レーベルです。デジタルパワーを積極活用することで、オンデマンド型のスピーディで持続可能な出版モデルを提案します。

近代科学社Digitalは株式会社インプレスR&Dのデジタルファースト出版プラットフォーム"NextPublishing"との協業で実現しています。